極簡社交學

反正都會被討厭，不如只顧好自己！
拒絕盲從、跟風，簡化你的人際關係

想要好好上班混口飯吃，也會被同事「衝康」？
交往對象被好友搶走，你卻是最後一個知道的？
放假回老家，還要在親戚的「望聞問切」中求生？

對人太友善，被當作便利貼、工具人；
從今天開始「硬」起來，開始你的「不合作運動」！

佳樂，李定汝 著

目錄

第二卷　律人者必先律己——用能力打敗別人

目錄

第三卷　近朱者赤近墨者黑——親賢遠佞是關鍵

第四卷　百年修得同船渡——回到最初的美好

第五卷　一入侯門深似海——在職場中悠游

目錄

第六卷　禪房花木深——讓生活多點禪意

序言　別讓小人搞壞你的人際關係

著名生物學家達爾文說過一句話：「人就像蜜蜂一樣，是具有社會性的個體。」人並非獨立存在於這個社會中，我們總得與周圍的人打交道。

人的衣食住行都和身邊的人息息相關。可是我們周圍這些人都不盡相同，有好人，也有壞人；有真心幫助我們的人，也有處心積慮害我們的人。俗話說的好：「林子大了，什麼鳥都有。」若是我們不仔細分辨周圍究竟都是些什麼樣的人，或許這些人就因此給我們增添額外的困擾。

岳飛是宋朝時期的抗金名將。岳飛年輕時，勤奮好學，飽讀兵書，練就了一身超群的武藝。

西元一一二六年，金兵大舉入侵中原，為了抗擊侵略者，岳飛毅然參軍，開始他保家衛國的戎馬生涯。臨行前，母親在他的背上刻下了「精忠報國」四個字，要求岳飛一生要誓死忠於大宋。

岳飛投軍後，很快展現出他非凡的軍事才能，指揮有方，軍隊紀律嚴明，多次打敗金軍。北宋滅亡後，康王趙構登基，建都臨安，建立南宋，他便是後來的宋高宗。岳飛上書宋高宗，要求收復失地，並在太行山一帶率領軍隊抗擊金軍，戰功彪炳。

西元一一二九年，金國將領兀朮率軍南下，勢如破竹，南宋將領紛紛棄城而逃，岳飛無奈隨之南下，從後面攻擊金軍，取得六戰六捷的勝利，給予金軍沉重的打擊，重重影響金軍的士氣。從此，岳飛率領的抗金勁旅紀律嚴明、作戰驍勇，這樣的威名傳遍大江南北，更讓金人聞風喪膽，忌憚異常。

然而，宰相秦檜卻建議宋高宗與金議和。在議和的第二年，金軍再次大舉南侵，岳飛準備出兵反擊，秦檜卻派人與金接洽。金軍提出「必先殺岳飛，方可議和」作為談判的條件。於是，秦檜誣陷岳飛謀反，以「莫須有」的罪名將岳飛毒死於臨安風波亭。

路遙知馬力，日久見人心。岳飛雖然一心精忠報國，拚死沙場，但是由於岳飛未能對周圍的小人有所防備，提防小人，導致秦檜在背後捅了他一刀，岳飛被身邊的人所害，蒙冤而死。

龐涓與孫臏原本是同窗好友，一起在鬼谷子先生門下學兵法。兩人學成之後，龐涓聽說魏國正在招賢納士，於是前去投奔魏相國王錯。王錯見龐涓精熟兵法，便將他推薦給魏惠王。於是，魏惠王任命龐涓為魏國的軍師。

後來，魏惠王聽說龐涓還有一個師弟名叫孫臏，也非常厲害，於是便派使臣將孫臏接到了魏國。孫臏在惠王面前演習兵陣，龐涓卻事先請教孫臏，然後在惠王面前一一解釋，以凸顯自己的才能在孫臏之上。

龐涓害怕孫臏今後會得到重用，排擠自己，於是設計陷害孫臏。龐涓捏造了一封假書信，派人送給了孫臏，說是他的母親要求他回去祭掃祖墳。孫臏回信時，龐涓從送信人手上得到書信，模仿筆跡，加進了孫臏想離開魏國、投奔齊國的內容，並親自送給魏王看。魏王看了以後認為孫臏要背叛自己，於是把孫臏抓了起來。

後來，龐涓建議惠王對孫臏採用刖刑，鋸掉膝蓋骨，這樣他就再也跑不掉了。孫臏被弄殘後，龐涓還假惺惺地說是自己在惠王面前求情，才保留了他的一條性命。

孫臏與龐涓同窗十餘載，卻不識他是一個嫉賢妒能、心胸狹窄之人，最後被活活剜去膝蓋。人心隔肚皮，小人最難防，我們不想被周圍小人所害，只好提高自己察言觀色的本領，否則若在人際交流中留下陰影，往後不敢再與人交往，白白喪失姻緣、升遷，甚至賠上夢想，眼睜睜讓獲得幸福的機會從手中溜走。

因此，本書為廣大讀者提供了一些待人接物的技巧，教你趨利避害，希望大家能夠從這些建議中獲益，運用手上這本人際關係的兵法，從此在與人相處中無往不利。

第一卷　真金不怕火煉——你是自己的救星

是金子總會發光，是石頭早晚成沙。本質決定好壞！我們常說自己因誰受害，其實不然，關鍵在於你修行還未到家。所謂真金不怕火煉，如果做好人生功課，即便是身處汙泥之中，你也能出淤泥而不染。

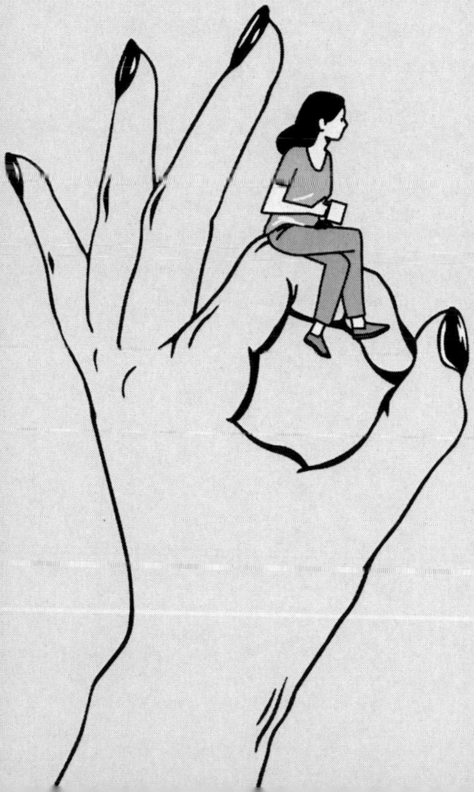

保持自信，抬頭挺胸

在現實工作、學習和生活中，我們總會看到一些不自信的人，這些人靦腆、膽小、自卑，他們習慣過度低估自己的學識、品格和能力，不斷自我否定，在大事上無法自己做決策。他們意志被磨滅，信念追求被沖淡，身心健康被摧毀，工作、愛情遭遇挫折，生活陷入困境，從而使人愈加陷入悲觀哀怨的泥潭無法自拔。於是，他們習慣把所有的希望寄託於身邊的人。

如此一來，周圍的人便成為決定你成敗的人。然而，周圍的人也有靠不住的時候，一味地聽信別人，失去自我，反而會害了自己。因為別人的決策不一定正確，反而你自己的判斷也許正是最恰當的。那麼，經歷了一系列的痛苦和挫折後，我們會發現讓我們受害的，正是當初缺乏自信的自己。

正因為缺乏自信，讓你打從心底依賴周圍的人，然而這份依靠卻導致你才剛開始面臨挑戰，內心意志已經先被動搖。依賴心只會越來越重，你的自信一天天被悄悄偷走，在真正的競爭還沒開始前就自己先投降了，把仗都交給別人打，怯戰至此的人豈有不失敗之理？

「春花秋月何時了？往事知多少。小樓昨夜又東風，故國不堪回首月明中。雕闌玉砌應猶在，只是朱顏改。問君能有幾多愁？恰似一江春水向東流。」這首哀婉淒慘之詞的作者正是中國歷史上的著名詞人、南唐後主李煜，但李煜雖是一個優秀的詞人，卻是一位失敗的君主。李煜天生性格怯懦，當時趙匡胤領兵在外，肆無忌憚，在邊境偷偷地製造幾百條戰船，準備對付南唐。

當時，得知這一消息後，李後主想派一支奇兵，偷襲趙匡胤，燒毀所有的戰船，從而一舉破除趙匡胤想吞滅南唐的野心。然而李煜十分猶豫，對於勝利他毫無自信，擔心激怒了趙匡胤，造成更大的禍患。

於是，他召見南唐的邊境節度使林仁肇進宮，希望能聽聽他的意見。然而，林仁肇是一個膽小怕事之人，聽說皇帝要偷襲趙匡胤，想到一旦戰事發起自己便首當其衝，到時候即使抵擋住，必定也走向兩敗俱傷；如果抵擋不住，自己將會死無葬身之地。於是，他建議李後主應該暫時按兵不發，以靜制動，趁趙匡胤沒有出兵，趕快招兵買馬擴充自己的國力。一旦國力增強，即使趙匡胤來犯，也可以殺得他片甲不留。李後主便相信了林仁肇的建議，暫時打消偷襲計畫，準備擴軍。

然而，還沒等李後主招兵買馬，擴充軍隊，趙匡胤就已經揮兵南下，勢如破竹占領了南唐，將南唐後主李煜俘獲了。

亡國後的李煜才幡然醒悟，自己缺乏自信，導致錯失阻止趙匡胤南下的最好時機。如果當時能夠出一支奇兵，即便不能重挫趙匡胤，至少可以挫一挫他的銳氣，讓他有所顧忌。

李煜缺乏自信、一味聽信別人，讓他成了一位亡國之君，害了自己，從而悔恨終生，夜夜思念南唐，鬱鬱寡歡，最終也未能逃脫被殺害的命運。

還有一則故事：

很多年前，有一個美國年輕人，在著名的五金行當收銀員。雖然每個月的薪水不是很多，但是他工作非常認真努力，希望能夠透過自己兢兢業業工作，獲得優秀業績，從而得到上司的賞識，步步高升，為自己贏得一個美好的未來。所以，他一直對自己保持著這份良好的自信，不斷學習，盡量將工作做得完美。

他希望能夠得到老闆的賞識，但是老闆對他的印象恰恰相反。有一天，他因為一點小失誤被叫到了老闆的辦公室，老闆看著其貌不揚的年輕人，厭惡之感油然而生，於是挖苦他說：「說實話，我不是不相信你的能力，而是你這樣的人根本不配做生意，你還是到鋼鐵廠裡去當工人吧，這裡不需要你了。」

面對老闆刻薄得簡直不可理喻的說辭，年輕人受到了很大的打擊。但是轉念一想，或許單純是老闆的問題，這不是一個稱職的老闆，他不能讓這樣的老闆害了自己、毀掉

保持自信，抬頭挺胸

他所有理想，這個年輕人自己平復了情緒，回擊說：「你當然有權辭退我，因為你是老闆，然而你無法打擊我的自信，我不會讓你這樣的老闆害了我一生。我現在就走，總有一天我要創辦一個公司，比你的要大十倍。」年輕人說完，轉身大步離去。

十幾年後，在美國有一個大名鼎鼎的玉米大王，他就是當年的那個被老闆奚落的年輕人，事實也證明那個年輕人並非一時興起說出大話，他透過自己的自信實現了夢想。

可見，良好的自信是成功的一半。一個人必須擁有自信，才能讓錯誤決定沒有可乘之機，因為你相信自己，始終對自己的信念不曾動搖，從來不懷疑自己的能力，什麼時候都敢出手，並且說出手時就出手。同時，自信也是一種實力的累積，是一種對自我的肯定。我們唯有肯定自我、肯定自己在生活中的角色，才可以擁有對生活無比的信心。

有了自信，我們才能在各種生活環境下瀟灑自在。貫徹自己的信念、從不輕易被動搖，才能活出讓自己滿意的人生！

要有主見，不做牆頭草

相信很多人都玩過不倒翁，當你往左邊推它的時候，它便往左邊倒去；當你往右邊推它的時候，它便朝右邊倒去。只要你朝哪個方向推它，它便朝哪個方向傾斜。其實，在生活中，也存在這樣的一類人，他們就像一棵長在牆頭的草。這個人這麼說，他覺得有些道理，於是採納了這人的意見；接著那個人那樣說，他覺得也不錯，又轉向聽信另一個的人決策。結果翻來覆去，始終不確定誰是對的、誰是錯的，這樣的人其實就是典型的沒有主見的人。

沒有主見的人，往往容易被人利用，也容易被人所害。因為這樣的人總是在不停地依賴周圍的人，別人的想法將決定了他想要做的事情。

微軟辦理了一場高階管理者的面試。對於世界頂級的大公司，面試者都是來自各個行業的佼佼者，不是有著亮眼的學歷，就是有著不同凡響的工作經歷。在面試前，每個人既很緊張，同時又非常地興奮。一旦應徵成功，不僅薪水豐厚，更重要是前途不可限量。

這時，微軟的人力資源部經理走了出來，他先是將目光掃向這些故作鎮定的面試者們，微笑地說：「各位先生小姐，歡迎你們來參加這次面試。」

說到這裡，經理稍微停頓了一下，接著說：「我們待會正式開始面試。接下來會將你們分成幾個小組，每組三人。」說著，分配名單被　一念出，第一組三個人在考官的帶領下走進了一個小房間。

原來面試的題目是一個專案管理方案。微軟給出了A、B、C、D四種管理方案，要求面試者在四種方案中選擇最好的一種方案，如果選對了，就可以被錄取。然而，這個看似十分簡單的題目選擇起來卻有點困難，因為四套方案既有著各自的優勢，同時也存在著相當的不足。也就是說，四種方案幾乎是旗鼓相當，很難分辨哪套方案最好，因為這四套方案看起來沒有最好，也沒有最壞。

雖然這是一個艱難的選擇，但是在同一組面試的人員可以互相交流，形成一個團隊，各自發揮自己優勢，最後在四套方案中敲定大家最適合的。當然，每個面試者可以單獨選擇。

一組組的面試過去了，有的小組全部選A，有的小組全部選C，面試者的答案基本上都是依靠團隊來完成的。唯有其中一個小組的一位面試者，沒有選小組最後決定的方案，因為他的決定跟團隊決定的方案不一致。最後，他還是決定選擇自己心裡想的那套方案，他就是阿駿。

面試結果出來了，阿駿成為微軟人力資源部唯一錄取的應徵者，面試主管笑著說：「我們這次招聘的是高階管理者，團隊合作固然很重要，但是身為公司的高階管理者，決策者，往往個人的主見比團隊意識更為重要。你並沒有受到他人的影響，堅持了自己的主見，這樣很好。如果你跟其他面試者一樣，以為別人可以幫助你，反而顯得你沒有判斷能力呀！」

有個著名哲學家說：「一個有主見的人即是一個有理智的人。他心中有確定的目標，並且堅定不移地追逐。」

有主見的人會用眼睛盯住目標，用理智去戰勝飄忽不定的興趣，不見異思遷。正如美國作家馬克．吐溫所說：「人是很了不起的，只要專注某一項事業，那就一定會做出使自己都感到吃驚的成績。」

有主見的人清楚自己的目標是什麼，會堅定屏棄周圍的干擾，不論那些人比起自己多麼優秀，都絲毫不能動搖他的想法和決定。因為在他的心裡已經知道什麼是自己最想要的，什麼是對自己最有利的，從而堅定不移地認準某個目標，並為之全力以赴，矢志不移。

如果我們的人生不能有自己的主見，就會像沒頭的蒼蠅一樣，容易被周圍的人所誤導，容易被周圍的人帶壞，甚至鑽進陷害你的人故意為你設下的圈套。

大樹之所以不被歪風所撼動，是因為它擁有龐大堅硬的樹幹，所以它頂天立地，高大挺拔，為自己撐一片天空；而牆頭草因為沒有主幹，就隨風而動，被吹得東倒西歪，甚至還會被連根拔起。

因此，不做牆頭草，做個有主見的人。這樣我們就可以避免被周圍的人有意或者無意地傷害。一旦擁有主見，就能清楚自己的目標，心中會明確知道下一步該做什麼，這樣目標便能輕而易舉地實現了。

堅持，走自己的路

做好人容易，難的是一輩子都做好人；認真做一件事情容易，難的是一輩子做事認真。「堅持」二字是多麼不容易。事實上也的確如此，在現實生活中，我們往往不是輸在做事沒有熱情，而是輸在難以堅持。任何人的精力都是有限的，所以我們做任何事都應該精力集中，堅持到最後，把自己所要做的事做到最好。

倘若做事時只是三心二意，三天打魚、兩天晒網，很可能使自己已有的成績付之東流。因為每個人都有惰性，時間越久，惰性也就越重。一旦開始動搖，我們就很容易被周圍的人拖下水，變成了一個沒有恆心的人。

做事的目標能否實現，九成取決於你是否有專心致志的做事態度，把精力集中到自己的做事目標、抵擋住周圍的人對你進行誘惑。

比如說，你想讓自己的工作更加出色，業績更加好看，於是你選擇每晚多加班幾小時，用來進修、整理修改檔案，或者蒐集、熟悉客戶資料。然而，當你已經持續努力一兩個星期的時候，你的好朋友突然打來電話，熱情邀請你晚上出來放鬆放鬆，去唱唱歌、喝喝酒等。對於已經處於疲憊狀態的你，這是一個很難抵擋的誘惑。也許你的心裡正想著要放自己一晚的假，如果這個時候你被動搖了，那麼很快就會第二次、第三次，久而久之，便會取代你的努力，每天的場景不再是辦公室裡那盞孤獨的燈火，而是和朋友們玩樂。那麼，你的業績提升也會隨之化為了泡影。

如果你是一個毅力和恆心很強的人，有這樣的朋友也無妨。看到電話響起的那一刻，你已經知道朋友半夜打電話來是要做什麼了，如果你想堅持你的初衷，可以連電話都不接。

這就是一個有恆心的人所具備的，在完成目標之前，要心無旁騖，緊緊盯住自己的目標，下定決心，持之以恆，直到最終完成為止，不受外界的干擾，不將自己的精力分散在無關緊要的事情上。

一次偶然的機會，菲德羅和法蘭克經過招募的重重關卡，成功進入肯德基工作，但是還必須滿足一個條件，才能夠真正成為肯德基的正式員工，就是工作時間累積達到一百個小時。

上班的第一天，經理分配給他們一人一臺收銀機，然後就在一旁遠遠看著。公司規定，收銀員必須嚴格按照國際統一標準服務顧客，即「收銀七步曲」。第一步是微笑歡迎顧客：在顧客進入大廳五秒鐘內，收銀員必須用響亮的聲音招呼顧客，親切有禮貌地說：「歡迎光臨，點餐這邊請！」光是這聲要喊得響亮，就不是容易的事。

菲德羅和法蘭克試了好多次，費了好大的力氣，聲音還總是在喉嚨裡打轉。可是，只要他們不主動招呼的話，就很少會有顧客會主動走到他面前。同樣是收銀員，看到別人「門庭若市」，自己卻傻站在一旁，無所事事。

這才是第一步，工作中，動作稍慢一些，經理就劈頭蓋臉一頓訓斥，態度惡狠狠，真的毫不留情。每位職員，無論是業績好的，還是業績差的，沒有一個沒被罵哭過。當然，菲德羅和法蘭克兩個菜鳥更是被罵得厲害。

一個星期就這樣過去了，法蘭克終於忍受不了，提出辭職，並且極力慫恿菲德羅和自己一起走人，再也不要忍受這種刁難了。可是，菲德羅還想留在肯德基繼續工作，於是法蘭克離開了肯德基。

有次總公司在所有分店開始銷售上校薄脆雞，並同時進行買一送一的促銷活動。為了這次促銷，菲德羅和同伴們接受了無數培訓。經理反覆叮囑他們，見到顧客第一句話，應該這麼說：「歡迎光臨，要不要試試看全新的上校薄脆雞，買一送一！」

有一天，正好是菲德羅值班，他反覆地說這句話，嘴都麻了。但是銷量太佳，薄脆雞一時供不應求，經理要他在收銀時暫時停止推銷。菲德羅剛點頭答應，可是一轉身，見到客人，又習慣性地脫口而出：「歡迎光臨，要不要試試看全新的上校薄脆雞？」話還沒說完，經理的高跟鞋「啪」一聲踩在他的腳上，接著又是一頓尖酸刻薄的挖苦。

當時，菲德羅真的無法控制自己的情緒，眼淚「唰」地盈滿眼眶。但他還是告訴自己：要微笑服務顧客，要微笑，可是淚水還是溢了出來，他不知道自己究竟是哭著笑，還是笑著哭，委屈到了極點。

法蘭克聽說這件事後，聯絡菲德羅，極力勸他離開肯德基，並且說自己當初離開肯德基多麼明智。

菲德羅開始有點動搖了，但他回去後想了想，既然都已經堅持了這麼久的時間，為何不再繼續堅持下去呢，他又一次沒有聽取法蘭克的建議。

幾年後，菲德羅已是這家肯德基的經理，而法蘭克還和當初一樣為工作的事情發愁呢。

菲德羅的堅持終於迎來了自己的成功，如果當初他聽了法蘭克的話，一起離開肯德基，則是害了他自己。要知道在這個世界上，沒有一次成功是可以隨便得來的，成功需要你以堅強的毅力、非凡的堅持來打造，而不是去跟隨那些不求上進的人，跟著他們三天打魚兩天曬網。與這樣的人為伍，自己也淪落為半途而廢之人，只會毀滅你的前程。

許多人之所以沒有成功，有很大一部分的原因不是因為不夠聰明，而是在做事和工作過程中總是三心二意，不能夠專心於自己要做的事，任何事都可以輕鬆地將他們的注意力吸引過去，這樣，無疑會影響到他們的效率，阻礙他們的成功，所以我們不能讓周圍的這些人成為我們前進路上的絆腳石。

是的，因為嚮往春天，小草熬過了寒風刺骨、滴水成冰的冬天；為探知海底之迷，河流堅持跋涉萬里，從源頭曲折而下，最後到達海底。人生多一分堅持，便多一分成功的驕傲。

樂於助人，別學他人事不關己

有句話說：「兩個人分擔一個痛苦，只有半個痛苦；而兩個人共用一個幸福，卻有兩個幸福。」

在生活中，有時不經意間，我們給出了舉手之勞的幫助或者微不足道的關心，也許就能幫助別人走出一些困境。當你幫助了別人，別人會對你銘記於心，即便你們不能成為朋友，至少讓你少了一個敵人，也就少了一個害你的人。很多時候，善待別人，其實也就是在善待自己。

但是，在我們生活的周圍，總會存在這些人，他們抱著事不關己的態度，時常對你說這根本不關你的事情、何必去惹不必要的麻煩。也許你覺得完全沒有必要去幫助別人，更何況是你的對手或者是陌生人；也許你覺得這對你毫無用處、幫助對手可能損及自己的利益。其實不然，在這個世界上，只有你先對別人好，別人才會對你好，只有你付出才會有回報。只有你幫助了別人，別人才會幫助你；只有你幫助了你的對手，你的對手才會心存感恩，不會在競爭中去害你。

要明白：生活就像你在山谷中吶喊，當你賜予別人什麼，自然就會得到什麼樣的回報，幫助別人就是強大自己，幫助別人也就是幫助自己。

故事發生在偏僻鄉村的一家旅館。這天夜已經深了，外面還刮著刺骨的寒風，旅館已經住滿客人，服務員把客滿的牌子掛在門口，正準備關門的時候，旅館門口來了一對老夫婦走進旅館想住。

這對老人看上去已經非常疲憊，然而櫃檯的經理卻冷冷地說：「對不起，我們旅館已經客滿了，今天沒有空房。」聽了經理的話，這對老夫婦一臉沮喪。

正當這對老夫婦準備離開的時候，剛才關門的年輕門房說：「老先生，請等一下……」然後他走到前臺，對經理說了幾句。經理聽了門房的話，一臉驚訝：「你把房子讓給他們，那你住哪？旅館已經打烊了，幹嘛還要沒事找事啊。更何況旅館又不是只有我們一家……」

年輕人微微一笑，從經理那裡拿了一把鑰匙，帶著老夫婦到了一個房間，說：「也許這不是最好的，但現在只能委屈你們了。」老夫婦看到房間雖小，但是很乾淨，很愉快地住了下來。

其實，年輕門房清楚地知道：現在已經是深夜了，鄉村裡其他的旅館肯定也都關門了。這對老夫婦不可能再找到旅館了，他們肯定會露宿街頭，於是，他決定把自己的房間讓給他們暫住一晚。

第二天，當老夫婦來到前臺結帳時，經理卻對他們說：「不用了，因為你們住的不是旅館的房間，是昨晚那個門房的，他把自己的房間借給你們住了一晚。」

兩位老人聽了經理的話，十分感動。老頭對身邊的老太太說：「這個孩子是我們見過最好的旅店服務人員。」說完，挽著自己的老伴離開了。

時光飛逝，旅館的那個年輕人早已經忘了這件事情。直到有一天，年輕人忽然收到了一封信，裡面是一封簡短的信和一張去紐約的單程機票。信上說，要求年輕人去應徵一分新工作。而信封的署名寫著：那晚住在你房間的老夫婦。

年輕人拿著機票，按照信上的路線，來到了紐約的一條大街上，抬眼一看，一座金碧輝煌的大飯店聳立在他的眼前。

在門口接待他的正是那對老夫婦，原來這位老人是一個億萬資產的富翁。那次旅行回去後，老人一直沒有忘記那個幫助他的年輕門房，於是他買下了一座大飯店，並且相信他會經營好這家大飯店。

後來，這個年輕人把飯店越開越大，並且在全世界開起了分店。如果他當初聽信了櫃檯經理的話，沒有把房間讓給那對老夫婦，也就不會有以後的回報。

在漫漫的人生路上，你如果覺得自己孤寂，或者覺得道路艱險，覺得自己需要得到幫助，那麼首先你要學會去幫助別人，每天都想一想，怎樣才能使別人幸福。這樣，當你遇到困境的時候，那些你幫助過的人，自然會向你伸出援助之手，幫助你逢凶化吉，讓幸福飛到你的身邊，使你遠離痛苦與煩惱。

如果你學習周圍那些漠不關心的人，認為事不關己，那你就大錯特錯了。因為在這個社會上，你不可能一輩子不會遇到困難，一輩子不求助別人。如果你不先給予別人幫助，別人又為何要來幫助你呢？與漠不關心的人同流合汙只會害了你。

如果你給別人一些關愛，縱使是一些微不足道的幫助，對那些憂鬱、無助的心靈都會是一縷明媚的陽光，或許其荒蕪的心田從此就衍生出一片勃勃綠意。

因此，讓生活從你的小小幫忙開始，少一點冷漠無情，少一點袖手旁觀和隔岸觀火，既讓別人走出暫時的困境，幫助他們從泥濘中爬出，同時我們也能自助人的舉動之中汲取快樂。

低頭做人，好料要放在碗底

在生活中，我們往往最討厭那些常在別人面前裝腔作勢的人，因為這些人十之八九做不成大事。然而，我們每個人都有一定的虛榮心，尤其當我們開始取得成就的時候，如果這個時候，周圍有人故意吹捧你，很容易讓你得意忘形，甚至飛揚跋扈、不把任何人放在眼裡，同時你也失去了謙卑與上進之心。

其實，聰明的人會一眼看穿，這是你周圍的人在故意陷害你，他們只不過想借你的威風達到自己的目的，或者他們是故意狐假虎威。如果這個時候，你不能自持，迷失在阿諛奉承之中，你就會陷入不思進取的泥潭，久而久之，就會被這些「汙泥」所淹沒。

有成就不能張揚，做人更不能張揚。我們常常看不慣別人太過張揚，但是卻看不到自己春風得意的時候也會表現出張揚的一面，不經意中冒犯了別人，招來別人嫉恨。

古人有云：木秀於林，風必摧之。槍打出頭鳥，張揚的人容易受到別人的攻擊和迫害，這時你的自身也會因為過於得意，變得盲目，看不到眼前的路雖然寬廣，可是盡頭是懸崖峭壁，已經沒有前進的路線，所以說，張揚是指引你走向懸崖的路標，這時只要你身邊不懷好意的人輕輕從後面推你一把，你將會陷入萬劫不復的境地。

想要不被周圍的人所害，你需要隱藏實力，低頭做人，而不是在眾人面前到處炫耀，就好像放在碗上的肉，如果你把肉放在最上面，難免會招致周圍的人對你的成果垂涎欲滴，想辦法加害於你；如果你收起你的鋒芒，把好肉藏在碗底，那麼別人看不見了，就不會對你有所行動，只有這樣的人，才是真正的王者，才會不被人所害。

從前有兩兄弟生不逢時，朝廷昏庸無能，百姓揭竿而起。

兄弟倆八九歲時，父母在戰火中死去，從此兄弟兩人相依為命，被反抗軍收留，浪跡天涯，東征西戰。哥哥雖然只比弟弟大一歲，但是每次遇到戰鬥，哥哥總是衝在弟弟前面，護著弟弟，把自己的生死置之度外，有幾次，因為護著弟弟，哥哥差點死在敵人的刀下。

就這樣，兄弟兩人在戰爭中不斷歷練，哥哥英勇無比，堪稱一員猛將，每次戰鬥都令敵人聞風喪膽；而弟弟雖然不及哥哥英勇，但是弟弟非常聰明，才智過人，擅長運用智謀技巧，打敗敵人。

就這樣，兄弟兩人在軍中屢立奇功，漸漸在軍中越來越深入人心，尤其是弟弟，聲望越來越高，因為他每次出的計策，都能大敗敵軍。兄弟倆人成為了反抗軍中的最得力的幹將。

在一次戰鬥中，反抗軍遇到了朝廷軍隊的圍堵，由於雙方力量懸殊太大，他們殊死搏鬥，才幸運地衝出了重圍。然而，反抗軍的頭領卻受了重傷，逃出來不久後，就因為傷勢過重而死去。反抗軍一下陷入群龍無首的境地，於是經過大家一致選舉後，推選哥哥為新的領袖，而弟弟則為軍師。

兄弟兩人同心，雖然每次戰鬥都異常慘烈，但是卻無往不利。在短短不到兩年時間內，哥哥率領軍隊一舉攻破京城，殺進了皇宮，結束了昏君的政權，最後，哥哥登基做了皇帝。

哥哥當了皇帝後卻因為弟弟在治國上顯示出的非凡才能，夜夜不得安寧。弟弟的地位在文武百官中越來越高，漸漸有了功高蓋主之勢，而且他一點也不低調，往往在群臣面前誇誇其談，哪一次戰役是他出的計策，才讓敵人落花流水。

宮內漸漸傳出謠言，說按照弟弟的才幹，他才是真正可以勝任一國之君的人選。一些阿諛奉承的人，在弟弟面前不斷討好，說看功績，皇位應當屬於弟弟莫屬。對於這些讚美，弟弟好不避諱，甚至有些得意忘形了。

哥哥終於忍不住了，覺得如此下去，弟弟必定會取代自己。於是，他動了殺機。哥哥告訴弟弟，軍中有位大臣不服他們兄弟兩人，可是苦於沒有證據，希望弟弟能夠出一妙計，來除掉此人。

弟弟聽了，很快想出了一條天衣無縫的計策，除掉了這位大臣。就當弟弟把這喜訊告訴哥哥的時候，哥哥卻命令侍衛把弟弟抓了起來，說：「如今天下太平，各大臣齊心協力，你卻擅自運用你的小聰明來殺害我的大臣，證據確鑿。王子犯法與民同罪，哥哥也不能偏袒你！」就這樣，弟弟啞巴吃黃連，被哥哥殺害了。

生活中，類似的故事在並不少見。很難說是哥哥聰明還是弟弟聰明。雖然弟弟在各個方面都可以勝過哥哥，但是他還是敗在了哥哥的手上。弟弟不懂得哥哥如今已經做了皇帝，不懂得低頭做事，使得哥哥不放心，最終招來了殺身之禍。

如果你是一個愛張揚的人，你周圍的人就會對你不放心，有所顧忌。所以，當你和周圍的人在一起的時候，不管別人是強者還是弱者，你都別過度表現自身才能，過分的張揚必然會招致別人的憎恨。當周圍的人開始對你不滿時，你的好日子也就要到頭了。

因此，若想避免引來不必要的注目，你需要學會低頭做人。在現實生活中，如果你越是優秀、越是有才能，就越要低調，用一種平和的姿態來看待世間的一切，安貧樂道、豁達大度，在顯赫時持盈若虧，不驕不狂。

低頭做人，不僅是一種做人的態度，更是一門做人的藝術。學會把好料放在碗底，就不會讓別人眼饞，也不會讓別人搶你飯碗。

誠信處事，別學他人的狡詐

宋朝理學大師程頤說：「學者不可以不誠，不誠無以為善，不誠無以為君子。修學不以誠，則學雜；為事不以誠，則事敗；自謀不以誠，則是欺其心而自棄其忠；與人不以誠，則是喪其德而增人之怨。」

此話說得很好，可見，誠信是一個人做人的本分，是實現自我價值的重要保障，也是個人修德達善的內在要求。一個人的誠意所達到的程度，可以「精誠所至，金石為開」，正所謂「天下無不可化之人，但恐誠心未至；天下無不可為之事，只怕立志不堅。」

可是，在生活中，身邊總有一些人沒有誠信可言，十句話中有九句是在撒謊，他們內心狡詐，做事情總是為了獲取最大利益，欺詐狡騙，甚至瞞天過海。有時候，他們似乎的確走了一條捷徑而成功了，但是此時你千萬不要去學習他們，他們就像一個內核壞了的蘋果，表面上看起來完好無缺，可隨著日子長了，時間久了，自然會腐爛到外面來。所以，做人應該學會誠信，誠於中而必信於外，一個人心有誠意，口則必有信語，則必有誠信的行為。如果你學習他們的狡詐，會損及你自己的內心，是自尋死路、自廢武功。

事實又何嘗不是如此呢？無論是古代還是現代，誠信都是生活常識。統治者與百姓之間如果信守承諾，就不會朝令夕改；國與國之間如果沒有誠信，發重誓訂下的盟約，很快就會變成一張廢紙。所以，誠信問題就是生存問題。

誠信無價。如果你是一個不講誠信的人，別人不會和你成為朋友，只會和你成為敵人，那麼在一些利益爭取上，周圍的這些人會毫不客氣地對你下手。如果你有誠信，別人會看重比金錢更重要的信任，從而幫助你，和你建立合作關係。

在西元前六世紀的羅馬，有一個名叫皮亞提斯的年輕人反抗君主，觸犯了當時的法律，判處了死刑，死刑的日子在一個月後執行。

還有一個月，自己就要被處死了，皮亞提斯想在臨死之前，能夠回家一趟，和家人見上最後一面，看一眼母親和弟弟。

國王決定法外開恩，允許他回家一次，但是必須有一個條件，就是皮亞提斯必須要找一個人頂替找坐牢，不能違反法律的規定。

如果皮亞提斯一去不回，那麼頂替他的人就會被處死。在萬般無奈之下，皮亞提斯找到了自己的好朋友達蒙，達蒙見皮亞提斯很可憐，馬上就要死了，於是答應了他的請求，替他做一個月的牢。

達蒙被關進了牢房，換取了皮亞提斯的自由。日子一天天過去了，轉眼之間一個月很快就過去了，刑期就到了，可是仍舊沒有皮亞提斯回來的消息，人們一時間議論紛紛，都說達蒙太愚蠢了，居然相信一個犯了死罪的人。

行刑日終於來了，皮亞提斯仍舊沒有出現，按照法律，達蒙被押赴刑場，圍觀的人都在笑他的愚蠢，笑他愚不可及。劊子手已經就位，達蒙沒有想到皮亞提斯居然是一個毫無誠信之人，他仰天大哭道：「是我看錯了，是我害了我自己啊！」

就在劊子手持屠刀，將要了結達蒙的那一刻，忽然人群中響起一個聲音：「請住手，我回來啦！刀下留人，不要殺我的朋友！」

人們朝著發出聲音的地方望去，看到皮亞提斯從遠處飛快地奔跑過來，一邊跑一邊揮舞著手臂，要求劊子手手下留情。

達蒙看到皮亞提斯回來了，把他從鬼門關口拉了回來，終於可以喘一口氣了。原來是皮亞提斯的弟弟耽誤了他的行程，他的弟弟聽說哥哥還要回去服刑，堅決不肯答應，並且勸他說誠信哪有生命更重要啊！

在最後一天，皮亞提斯半夜趁弟弟睡著了，偷偷跑了出來，終於在行刑前趕到了刑場。這個消息很快傳進了王宮，傳到了國王那裡。國王有點不敢相信，皮亞提斯會回來，因為國王的想法也和皮亞提斯的弟弟一樣，在生命和誠信面前，誰不會選擇生命呢，國王正準備等著下令全國通緝皮亞提斯呢。

可是，皮亞提斯選擇了後者。國王看到皮亞提斯的行為大為感動，決定赦免他的死罪，並且把他的事蹟宣告全國，要求全國的人民都要跟皮亞提斯一樣，做人做事一定要誠實守信。

可見，誠信是一個多麼重要的品德。如果皮亞提斯按照他的弟弟的勸告，借機逃走，一去不回，不僅會害死自己的朋友，最後自己還是難逃一死。一個人如果不守信用，他會受到人們的藐視；若人人都不守信用，那麼人與人之間就無法正常交流，遑論溝通。所以，我們不僅要遠離周圍那些沒有誠信的人，以免被他們的善變困擾，自身也要時時信守承諾。

誠信是打開人們生存法則之門的鑰匙，也許你是一個毫不起眼的人，但是這些並不重要，重要的是如果你擁有了誠信，周圍的人不僅會尊重你，而且還會相信你。當你處在困境的時候，如果能夠做到守諾誠信、信念堅定、內心誠實，別人會拿生命來幫助你，讓你能夠跨越艱難險阻，走出困境，化險為夷。

誠信是「為人」、「處事」之本。有了誠信，你就等於擁有了一切希望。

踏實每一步，一步登天摔得更慘

有句俗語說得好：「羅馬不是一天造成的。」這句話的意思是要告訴我們，做任何一件事情都是循序漸進的，不可能一步登天。

然而，隨著生活節奏的日益加快，我們往往需要更快速地實現我們的夢想，更快地做成我們想做的事情。在我們周圍，也存在著很多急於求成的人，他們往往不會按照常規辦事，走一些旁門左道，劍走偏鋒。這時的你如果克制不住自己，就很容易被這些帶壞，誤入歧途。

萬丈高樓平地起，一個人想要把自己的功課做好，首先需要做的就是紮紮實實地練好基本功，走好每一步。不僅要放下自己的自尊、耐得住寂寞，而且還要培養起一種務實的精神，只有先具備了這種精神，才可以紮紮實實地走好第一步，步步為營，打好你的基礎，這樣你的人生才可以一天天變得更好。

人只能循序漸進地走在成功的路上，每一步還都要走得非常出色，而這個過程並不是任何文憑、學位可以縮短或替代的，它需要你從第一步就開始做好，然後步步為營，從而經歷一段時間的累積，最後達到水到渠成，達到成功。

小陳畢業於一所名校，畢業後換來換去一直都沒有找到理想的工作，不是工作的薪水低得可憐，就是工作太忙碌，讓人無法承受。因此，在工作的三年裡，他不停地跳槽。而和他一起畢業的同學可能是運氣好，都找到了不錯的工作。對於心高氣傲的小陳來說，更是格外讓他鬱悶。

這一次，小陳應徵上了一家科技公司，可是剛進公司，卻被安排做公司機房管理員，每天還要負責打掃機房、清潔機房裡的電腦，簡直就是清潔工的工作。小陳很快就堅持不住了。

就在這時，平時經常和小陳打交道的同事小張，聽說了小陳最近鬱悶的遭遇，於是自告奮勇幫他出主意，說：「公司最近在辦一個標案，你看大家每天忙得不亦樂乎，都是在做這份計畫書。如果這份計畫書成功了，憑藉這個標案，公司能一口氣賺好幾千萬。我還聽說公司有一個競爭對手，也在競爭這個標案。你是名校畢業，現在又是機房的管理員，你何不等他們把計畫書做好的時候拷貝出來，然後去投另一家公司。我想他們一定會因為你送上的這份大禮，而給你一份不錯的工作，你又何必在這屈才呢！」

等下班回家後，小陳躺在床上，想著小張對他說得話，然後他又想到這幾年的遭遇，於是決定鋌而走險，憑藉自己在電腦上的專業能力，盜取公司的商業計畫書。

果然，當小陳拿著自家的公司的計畫書來投奔競爭的對手公司時，競爭的對手公司給了小陳企劃部主管的職位，而且薪水豐厚。而這家競爭對手公司憑藉小陳送的計畫書，製作了一套專門針對這套計畫書的方案，結果在競標過程中，輕而易舉地擊敗了小陳原來的那家公司，將那分垂涎已久的標案收入了囊中。

在這場鬥爭中，小陳可謂是一等功臣，受到了公司的重用。小陳也覺得幸福的春天一下來得這麼快，終於可以揚眉吐氣一回了。就當公司為小陳要舉辦一場慶功宴的時候，兩個穿著制服的員警帶走了小陳，原因是小陳涉及了一場盜取商業機密的犯罪。

原來小陳工作的那家公司落敗後，在尋找落敗原因的時候，公司的專業技術人員發現公司的電腦資料被人竊取了。經過調查發現，最有可能竊取公司商業機密就是剛剛離職不久的小陳，因為他是機房的管理員，只有他具有這個能力，進入公司裡的每一臺電腦，進而竊取資料。

東窗事發後，小陳主動坦白了一切，承認是自己竊取了計畫書。最後法院因小陳故意盜取他人公司商業機密，導致該公司蒙受了巨大損失，判處有期徒刑三年。

在監獄裡，小陳追悔莫及，後悔當初不該一時頭腦發熱，採納了小張的建議，想一步登天，從而釀成了大錯。

在獄中，他痛定思痛，如果當初自己能夠耐心來，踏踏實實地做事，從最底層做起，賣力工作，熟悉應付突發事件的方法，憑藉自己的能力在工作中提出創造性的方案，最後一定能夠受到上司的賞識。可惜，現在說什麼都晚了。

小陳的故事與其說是公司的小張害了他，不如說是一時的鬼迷心竅，被利益、成功、報復心迷惑了。他不能接受自己沒有受到重用，因而採取了小張出的主意，想一步登天，平步青雲，最後落得鋃鐺入獄的下場。

所以，在生活中想要不被周圍的人所害，首先要做好自己，老老實實做人，踏踏實實做事，沒有哪一個公司的領導一開始就把重要的位置給剛入場的新人。而對於擁有能力的小陳來說，最需要做的就是默不吭聲，走好當下的第一步路，做好眼前的第一件事。

一個人即使自身具備再優越的條件，一次也只能邁一步。這是十分淺顯的道理，就像一個剛會走路的嬰兒，如果步子跨的太大、太多，必然會跌倒。因此，任何一個人的成功都不是在短時間完成的，只有放下自大的心態，先把第一步走好，才可以邁出第二步，才能把每一步都走好。

有人形容，「做人就像走在一根鋼索上橫跨懸崖，你必須踏實走好每一步，要是隨意邁出步伐，可能就會掉下去萬劫不復。」這句話揭示了踏實做人的道理。

只要你踏踏實實的，不管別人對你說什麼，都維持自己的誠實明朗，就不會落入小陳的下場，因為你相信成功無捷徑，必須腳踏實地一步步走出來。

從做士兵開始，學會爬後再學走

生活中，只要是有一定理想和一定抱負的人，都想做出一番成績，來實現自己的人生價值。然而，當我們渴望成功的時候，我們就已經站在了失敗的路口，因為我們沒能做到自持。我們常常聽周圍的這樣誇誇其談：「我要麼不做，要做就要做大事，做出一番大事業來。」這樣的人開公司，自己根本毫無經驗，一開始就要自己做老闆；這樣的做生意，自己沒有一點生意經驗，卻剛開始就想簽下大訂單……

如果我們的周圍多了一些這樣的人，我們就要時刻提醒自己，千萬不要和這些人為伍，因為這些人根本做不出大事業來，等待他們的只有失敗。所以，跟這些人在一起，到頭來只會害了我們自己。

不積跬步，無以至千里；不積小流，無以成江海。我們都說不想當將軍的士兵不是好士兵，但是前提是我們應該從士兵做起。正所謂於細處可見不凡，於瞬間可見永恆，於滴水可見江河，於小草可見春天。很多時候，小事不一定就真的小，大事不一定就真的大，關鍵在於做事者的認知能力。那些一心想做大事的人，常常對小事嗤之以鼻，不屑一顧。其實連小事都做不好的人，大事是很難做成功的。

世上的一切事情都是由小事累積而成的。如果你身邊有人勸你不要在意那些小事，總對你說「沒什麼大不了」、「不過是些雞毛蒜皮」，你千萬不要相信他的話，因為說這些話的人是在害你。

眼前的小事或許正是將來大事的幼苗和基石，只有做好眼前的小事才能一步步走向成功，所以一定不能輕視小事。

湯姆、納尼和布蘭德是一家修理廠的汽車修理工，熟悉各種汽車修理技術，他們都希望自己有一天可以製造一輛屬於自己的汽車。

機會終於來了，經由朋友推薦，湯姆、納尼和布蘭德三人進入了美國當時最大的汽車製造商福特汽車，成為廠房裡的雜工。他們每天的工作就是從倉庫裡搬運一些汽車的配件到廠房，或者把不用的零件放回倉庫。那些參與汽車製造與組裝的工作，從來不讓他們碰。

這一天，布蘭德終於忍不住了，說：「我們來這裡不是做搬運工的，我們是來製造汽車，做一名汽車組裝與修理的高級技術師的。與其每天在這裡搬運工，還不如去做我們的修理工呢。我決定了，我要辭職，回去開一家自己的汽車修理公司。你們也跟我一起吧，我們合資，一起當老闆，總比在這當搬運工要好多了。」

對於布蘭德的提議，納尼聽了非常興奮，舉起雙手贊成，說：「我們自己回去當老闆，說不定將來會開一家比福特更大的汽車公司，反正在這裡沒有什麼前途。」可是，湯姆相當猶豫，因為開一家汽車修理公司需要一大筆資金，雖然他們幾個有技術，但是他們沒有客戶。湯姆想了想，決定還是繼續留在福特做下去，而納尼和布蘭德則離開福特開公司去了。

湯姆開始主動深入了解工廠的生產流程。他知道一部汽車由零件到裝配出廠，大約要經過十三個部門的合作，而每一個部門的工作性質都不相同。他當時想：「既然自己要在汽車製造這一行做一番事業，就必須對汽車的全部製造過程都能深刻了解。」由於雜工不屬於正式工人，也沒有固定的工作場所，哪裡有雜事就要到哪裡去，湯姆可以有機會和工廠的各部門接觸，對各部門的工作性質有了初步的了解。

在當了一年多的搬運工後，湯姆申請調到汽車椅墊部工作。不久，他就把製造椅墊的手工學會了。後來，湯姆主動申請去了零件裝配部、車體組裝部、調試部等部門去工作。在短短的五年裡，他熟悉了汽車生產的每個部門。

公司裡的同事對湯姆的舉動十分不解，他質問湯姆：「你工作已經五年了，總是不停地做些焊接、刷漆、製造零件的小事，恐怕會耽誤前途吧？我勸你還是不要這樣，否則一事無成。」

湯姆解釋說：「我並不這麼認為，千萬不要小看每個部門的這些小事，成為一名汽車製造工程師，就必須掌握汽車生產的整個工作流程，因為我要學的並不是某個零件怎麼製造的，而是知道一輛汽車怎麼誕生的。」

幾年後，湯姆已經掌握汽車生產的所有知識，哪怕問他任何零件是如何製造的，湯姆都瞭若指掌，他懂得各種零件的製造情形，也能分辨零件的優劣，沒有多久，他就成了流水線上最出色的人物。

很快，他就晉升為領班，並逐步成為流水線上的製程工程師，最後成為了福特汽車生產的總工程師。而納尼聽信了布蘭德的話，合夥開了一家公司，可是公司運營沒多久，由於缺乏管理經驗，很快被同業擠垮，公司也倒閉了，還欠下了一大筆債。

的確，只有心存遠大志向，才可能成為傑出人物。但要成功，光是心高氣傲遠遠不夠，還需要從小事做起。在社會競爭日益激烈的今天，注重細節，在小事上下功夫，已經成為所有競爭者擊敗對手、掌握主動進而走向成功的法寶。

因此，我們也別成為空有抱負、不切實際的人。如果你一直不被人重視，不妨降低一下自己的目標，從最基層的事做起，終有一天你會擁抱成功。

第二卷　律人者必先律己——用能力打敗別人

我們生活在物競天擇，適者生存的環境中，大魚總是會吃掉小魚，強者總是站在弱者的頭上，這是食物鏈，也是生存法則。如果你不想被周圍的人淘汰，就必須要成為強者。只要自己足夠出色，那些想害你的自然會望而卻步。

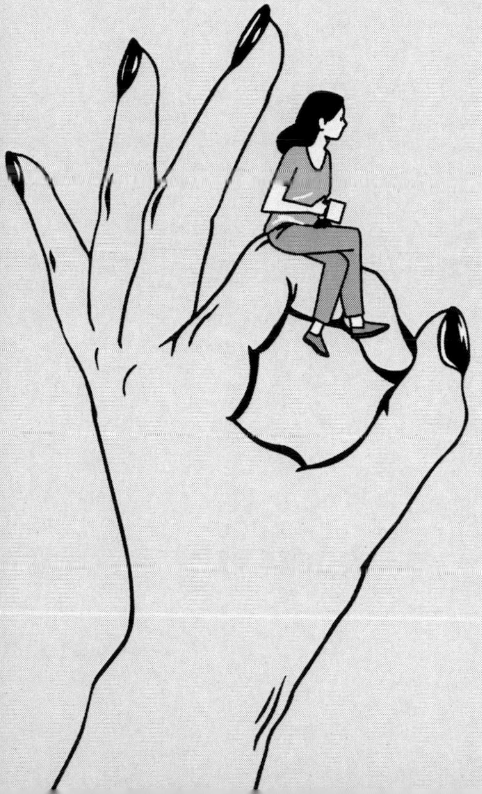

口吐蓮花！直言不諱害死人

有句成語叫三人成虎，意思是說，當一個人說有老虎的時候，人們未必相信有老虎；當兩個人說有老虎的時候，人們也未必相信有老虎；當第三個人說有老虎的時候，人們開始相信有老虎存在了。然而，事實上根本就沒有老虎的存在。

這個成語充分說明了說出的話未必就是真的，聽見的話未必是為了你好。有時甚至完全相反，正所謂人言可畏，無論是歷史上還是今天的現實生活，我們的失敗不一定是因我們自身的問題，有時是因為別人的三寸之舌。

所以，我們想要不被他人言語所害，首先我們自身要學會說話的藝術，掌握說話的技巧。只有讓自己擁有良好的口才，口吐蓮花，才可以讓那些帶給你麻煩的人閉嘴，因為他們深知他們在嘴上討不到任何的便宜，反而會惹火上身。

跟人說話，先要認識對方的個性。對方喜歡婉轉，應該說含蓄的話；對方喜歡率直，應該說直白的話；對方崇尚學問，就說高深的話；對方喜談瑣事，就說淺顯的話。說話方式能與對方個性相符，自然能一拍即合。根據對象的不同而採取不同的語言方式，才不會製造對立，產生麻煩。俗話說：說者無心聽者有意，切忌不要在這些看似不起眼的小細節上給自己製造不必要的麻煩，甚至造成不可挽回的後果。

口吐蓮花！直言不諱害死人

長孫無忌、褚遂良和李世勣都是唐高宗李治時期的顧命大臣，受先帝的遺命輔助唐高宗。

當時的唐高宗李治要立武則天為皇后，這顯然不符合大唐的體制，長孫無忌、褚遂良等一大批元老大臣都極力反對。

一天，唐高宗準備把所有的顧命大臣們聚集到一起，宣布此事，並且希望得到這些元老大臣們的同意。長孫無忌、褚遂良和李世勣在進宮前，商議決定：「今日召見我們，必定是為皇后廢立之事，皇帝決心既然已經定下，要是反對，我們一定會冒犯皇上，必定是死路一條，我們既然受先帝的顧托，受先帝之恩，輔佐陛下，不得不拚死一爭，直言進諫。即便我們全部被處死，在九泉之下，我們也無愧於先帝！」

然而，此時李世勣聽見長孫無忌、褚遂良如此堅決，反而認為如果此時直言反對，不僅不會改變皇帝的決定，還會激怒皇帝。他看出此次入宮凶多吉少，如果此時自己和他們一樣，真的會引來殺身之禍，於是便藉口生病辭開了。果然，褚遂良和長孫無忌見了皇帝，當面爭辯，並且當場斥罵了武則天，讓唐高宗李治一時下不了臺，並且他們的話也讓武則天對他們懷恨在心。

過了兩天，李世勣單獨謁見皇帝。李治問：「我準備立武則天為皇后，褚遂良堅持認為不行，他是顧命大臣，他們這樣冒死反對，讓我很是難堪，而我也不能因為這件事真的殺了他們，不過總有一天我一定要廢除他們。現在他們這樣極力反對，此事也只好作罷了。」

李世勣聽了皇帝的話，明顯感覺到皇帝已經對這些顧命元老動了殺機，如果此時附和他們，必定是害了自己，因為反對皇帝自然是不行的，可是如果而公開表示贊成，別的大臣必然罵我是奸臣，於是，李世勣便說了一句很巧妙的話：「陛下，這是皇上的家事，微臣只是外人。既然是皇上您的家事，又何必再問外人呢！」

這句回答巧妙地順從了皇帝的意思，又讓褚遂良和長孫無忌等大臣們無話可說。

後來，唐高宗心意已決，下旨宣布立武則天為六宮之首，母儀天下。武則天當上皇后以後，一直對長孫無忌和褚遂良這些顧命大臣們懷恨在心，最後一一找藉口把這些老臣全都殺害了，唯有李世勣當初沒有聽信長孫無忌、褚遂良的話直言進諫，而是說了一句巧語，才躲過了殺身之禍，並且受到了武則天的重用，官運亨通。

可見，一個人的說話能力在關鍵時刻多麼重要。唯有知道怎麼說話，才可以避免災禍，李世勣無疑是一個聰明之人，他在關鍵時刻，沒有和周圍的那些顧命大臣一樣，冒死進諫，得罪皇帝，而是用一句巧言保全自己。如果他當初和褚遂良、長孫無忌一樣，後來必然會遭到同樣的下場。

我們難免碰到需要明哲保身以求長遠的時候，因此也需要練就一番舌上工夫。良好的表達方式可以助你事業成功，良好的溝通可以改變你的人生。當我們與人交流時，要注意管好自己的口，用好自己的嘴，逢人只說三分話，不可全拋一片心，要知道什麼話應該說，什麼話不應該講。

說話要有藝術，溝通要有技巧。在談話中，我們要懂得說話的忌諱，要使用三寸不爛之舌多說些花言巧語，在伶牙俐齒中輕而易舉保護自己，擊敗那些對我們有害的人。

雷厲風行，讓小人找不到機會

一個人想要不被周圍的人所拖累，就應盡快把手上的事情做好，這樣即使別人想害你、想打敗你，也沒有機會，因為你已經讓他措手不及，他失去了害你的良機。所以，想要做到這些，你必須擁有一種做事的能力——那就是雷厲風行，不拖拖拉拉，做事果斷、幹練、快速。

科學家富蘭克林說：「今天的事情不可以拖到明天執行，上午的事情不可以拖到下午去完成，不論做什麼，是經營事業、推銷工作或科學、軍事、政府機關工作，都需要雷厲風行的人來執行。」

如果你的周圍存在一些覬覦你很久的人，那麼你就應當做一個反應機敏的「獵豹人」，以「立即行動」來搶盡一切先機，沒有得過且過、懈怠懶惰的思想，也沒有猶豫不絕、優柔寡斷的意念，有的只是「一旦看準，就大膽行動」的作風。當別人還沒有採取害你的計畫，你已經站在成功的彼岸了。

全球聞名的麥當勞連鎖速食創始人雷・克洛克（Ray Kroc）是一個做事雷厲風行的人，他在年輕時並沒有一技之長，不過他總是想到什麼立即執行，一開始他是一名紙杯推銷員，後來他又去銷售奶昔攪拌機。

一次，他們廠牌的奶昔機正面對競爭對手削價競爭時，克洛克收到了一份一口氣訂購八臺乳製品機器的訂單。這對他來說是一張大訂單，也表示速食店的生意很好，而客戶正是當時經營漢堡速食店的麥當勞兄弟。

當時麥當勞兄弟開的這家餐廳，與美國的無數的漢堡店一樣，沒有什麼特別之處，都是賣漢堡和炸薯條這類速食。不過不同的是，麥當勞兄弟經營的速食店採取了獨特的經營管理方式，採用了流水線生產漢堡，搭配炸薯條、牛肉餡餅，並且用紅外線照射，保持薯條的溫度和口感。他們推出的套餐不僅分量足，而且味道好，攜帶方便，受到了消費者們的喜愛，尤其是青少年。由於採用流水線生產，在一個午餐時段，麥當勞的店員可以一口氣滿足一百多位客人需求。克洛克從中看到了巨大的商機。

然而，麥當勞兄弟雖然在銷售管道上有獨到之處，但在經營理念上也存在巨大不足，因為他們思想較保守，過於滿足現狀，不願意進一步開展業務，發展分店，讓事業壯大。這就是克洛克看到的商機。其實，與其同時，克洛克的上司，奶昔製造機生產公司的經理佛瑞科，敏銳地嗅到克洛克的這一商機。

克洛克知道時不我待，機會稍縱即逝，如果經理和麥當勞兄弟達成開連鎖店的協議，那麼自己將會毫無競爭之力。於是，克洛克決定先下手為強，連續趕工一整個星期，製作出一份合約，並且迅速與麥當勞兄弟展開談判，最終順利簽下了這份合約。

合約規定：麥當勞兄弟答應轉讓給克洛克在全國各地開連鎖分店的經銷權，為他提供原料供應，給予技術指導，但是克洛克要在事前支付一筆數目不小的轉讓費，而且以後每年還要分一部分利潤作為技術專利費用。

在稍縱即逝的機會面前，克洛克毫不猶豫地接受了這個條件，儘管這項協議冒了非常大的風險，這是一個嚴峻的考驗。

當奶昔製造機生產公司的經理佛瑞科聽到這個消息後，克洛克已經創辦了麥當勞連鎖公司，第一家分店已經開始營業了；三個月後，克洛克的第二家餐館也開業了；再兩個月之後，又一家餐館開設。克洛克開設分店的速度越來越快，即使佛瑞科再想什麼辦法、給出再優惠的條件，已經不可能從克洛克手裡搶走麥當勞的分店經營權了。

克洛克並沒有因為麥當勞兄弟的協議相當苛刻而退縮，而是馬不停蹄地採取行動，一舉拿下了麥當勞的連鎖經營權，只留給想從他手裡竊取商機的經理目瞪口呆的分了。

做事雷厲風行的人知道：速度是打敗一切敵人最好的武器，尤其是對付那些想對你不利的人，以迅雷不及掩耳之勢達成自己的目的，才可以讓這些人沒有絲毫的可乘之機。因此，不要去等待一件事情達到絕對完美或是接近完美，如果你要等到所有條件都具備以後才去做，那麼你就永遠只能等下去。

這時的你需要擁有敢闖敢衝的勇氣和魄力，建立雷厲風行的做事態度，這樣你就能把握住機會，在別人還沒行動時，你已經走在前面。別人到時想趕上你的時候，你已經離危害到你的人很遠了。

「立即去做永遠是成功的法則」。最聰明的人，就是去實現自己所嚮往的目標，想做什麼就盡快去做，然後再考慮不斷地完善目標。

立即行動起來吧，現在就應該去執行，只有行動才能使人變得更成熟！抓住稍縱即逝的寶貴時機，才能實現偉大的夢想，擊垮周圍想害你的人。

錯過這個村，就沒這個店

人們常說：「時不我待」。這句話充分說明良好的機遇往往稍縱即逝，當機會降臨時，你沒有抓住它，就不會再有第二次這樣的機會了。因為天上只會掉一次餡餅，錯過了這個村，就再沒這個店了。

現在的社會，人們的生活節奏越來越快，物質生活也越來越豐富，精神生活卻跟不上物質生活發展，再加上那層出不窮、令人目不暇接的經濟大潮，引得人們費力費神地去獲取。這樣導致人心態上的一個重大變化，就是很多人都開始急於求名，急於求利，不能安於手上正在進行的工作，專心致志，只是看到眼前的利益，什麼有利就做什麼，最後只是事倍功半，什麼也沒做成。

所以，我們不僅要善於發現機遇，還要學會識別周圍的人，但由於我們的智力和心理原因，要讓我們做出識別是非常困難的一件事，這就需要我們在這一方面多下工夫，一定要讓自己逐漸學會如何識別周圍可能害到我們的人，這是非常關鍵的。一位著名武俠小說家曾說：「你可能抓住了機會，但你絕沒有意識到，你的周圍存在著讓你失去這個機會的人。」

戰國時期，有許多有錢有權的士大夫們喜歡招賢納士，在家裡供養許多門客。其中，有戰國四君子之稱的趙國平原君趙勝門下就有食客上百人。

毛遂，大梁人，是平原君門下一名普通的食客，唯一長處就是善辯，可是在平原君府上做了三年食客，卻一直沒有得到重用。

和他在一起的門客經常諷刺他說：「毛遂，你只是會一些嘴皮上的功夫，並沒有真正的本事，別丟人現眼，到時鬧出笑話。」

這一年，趙王派平原君出使楚國，請求楚國出兵，共同抵禦秦國。平原君知道此次出使任務艱鉅，事關國家的生死存亡，只能成功，不能失敗。平原君知道楚王不會輕易答應趙國的請求，怕單憑自己一張嘴難以勝任此次任務，必須找幾個得力助手，一起出使楚國，共同說服楚王。於是，平原君下令召集府內所有食客，打算選二十名能言善辯之士，一同前往楚國，經過一番細緻的甄選後，只挑出了十九個，還差一個人，這讓平原君並不是很滿意。

毛遂心想這次是一個千載難逢的機遇，之前自己已經錯過了那麼多機會，如果這次再錯過，恐怕再也沒有機會了。於是，他不管平日裡那些門客的閒言碎語，而是大膽地站了出來，主動請纓，說：「公子，我請求和您一起去。」

平原君看了一眼毛遂，心想：這個門客平日裡並沒有什麼獨特之處，怎麼能承此大任？於是問：「你願主動替我分憂，我很高興，你在我的府上做食客多久了？」

毛遂答：「三年。」

平原君說：「那些有才能的人生活在世上，就像是錐子放在口袋裡一樣，錐尖很快就可以顯現出來。既然你在我這裡做門客三年了，可是我卻沒有聽身邊的人稱頌你的才能，從前也沒聽過你有什麼名聲。既然這樣，你去了也起不了什麼大的作用，還是不要去了。」

毛遂說：「公子，我到今天才發現，周圍的人沒注意我的才能，那是因為我一直待在袋子外面。今天，毛遂自薦進入袋子裡，不再和周圍的這些人同流合汙，您可以和周圍的這些人一樣不相信，但是只要您能答應我的請求，是不是錐子，到時候自然就會見分曉，如果我到時不能刺破布袋，我會自動離開您的府上。」平原君見毛遂說得如此懇切，一時也找不到其他合適的人員，就勉強答應了他。

平原君一行人很快就到達了楚國。在與楚國國王和大臣的宮殿上，平原君費勁口舌，仍然沒能說動楚王，急得頭上直冒虛汗。於是，平原君把希望寄託在同行的二十個食客身上，可是與平原君同行食客有十九個人面面相覷，沒有一個人敢站出來。眼看出使的任務就要失敗了，這時毛遂突然從中站了出來，曉之以理，動之以情，先是說一番連橫的利害得失，然後又說了合縱的種種對楚國的好處，最後透過鮮明的對比，終於把楚王折服了。

最終楚王答應與趙國簽訂了合縱條約，成為盟國關係，並且出兵解除了趙國的危局。平原君可謂在最後關頭憑藉毛遂一己之力，絕處逢生，圓滿完成了任務，回到了趙國後，受到了趙王的嘉獎，而毛遂因為出色的表現，立下了大功，也得到了趙國的賞賜。從此以後，毛遂受到了平原君的刮目相看，得到了重用。

的確如此，我們常常因為身邊一些人的存在，而錯過了本應該抓住的機會，從而失去了良好的機遇。這些人是我們通往成功路上的絆腳石，相信他們，只會害了你自己。所以，當我們面對周圍的人時，一定要學會排除干擾，學會鑑別。自古以來，有許多聰明的人困頓終生，有許多勤奮的人，一事無成，往往是因為受到了身邊的人所干擾，在電光火石之間，與機遇失之交臂。毛遂一直沒有受到重用，其實是受到了周圍食客們閒言閒語所害，好在他抓住了最後的機會，展現了自己把握機遇的能力，從而一舉成名。

所以，不要總抱怨自己沒有機會，也不要惋惜自己錯過了很多機會，其實機會一直都在你的身邊。從現在開始，讓我們睜大眼睛，尋找機遇，當發現機會露頭，就要果斷地把它牢牢抓在手裡，不再被周圍的人所干擾。

破釜沉舟，有時需要逼自己一把

我們都可能有這樣的經歷：我們想做一件事情，卻受到周圍一些人的勸告、阻擋，這些人可能是你親近的人，也可能是你的對手或敵人。不管是什麼人，這些人都讓你變得膽小起來，前怕狼後怕虎，導致你舉棋不定，最後把唯一可以成功的希望給破滅了。

其實，事情不用這樣發展。不管這些人出自於什麼樣的心思，其對你的影響只有一個，那就是動搖了你，讓你心生畏懼，進而放棄，成全他們的目的，卻辜負了原先的自己。

如果你決定去做一件事情，即便會有苦難我們也不要放棄，唯有不放棄的希望才能給我們帶來纍纍碩果。即便你已經到了山窮水盡疑無路的地步，已經走投無路了，這時候你千萬不要聽信你周圍人發出的聲音：「你都到絕境了，還是趁早放棄吧，苦苦地掙扎又有什麼意義呢？」

其實不然，因為這些都是害你的聲音，你需要的是一種破釜沉舟式的智慧和勇氣，也是一種做事的能力，因為它能夠給予理想無限的動力，能夠賦予人生更重要的意義，能夠充分發揮出你的最大潛力和本能。

要知道，在我們的人生路上，總是經歷無數的災難，在每一個決定人生去向的轉捩點，都有著很大的風險。雖然眼前可能有幾條路，可選擇哪一條都是一種冒險，一種絕境。如果選擇了妥協，你就等於放棄，在等待失敗。

因此，很多時候，人生就像在過一條洶湧澎湃的河流，失敗的原因不是因為水流有多大有多急，而是周圍的人說你根本過不去，你被周圍的聲勢嚇破了膽，而影響了你自己腳下的路。

可以說，成功者往往都是冒險家，想要絕處逢生，就要敢於冒險，不畏懼，成功就在於背水一戰。

西元前二〇四年，劉邦派三軍統帥韓信，率兵五萬去攻打趙國。趙王聽到這個消息後，立即部署戰力防備，派大將陳餘，率領二十萬兵馬，在井陘守候，迎接前來侵略的漢軍。

趙軍的謀士李左車察看了井陘的地形，向陳餘獻計說：「井陘這個地方，兩旁都是高大險峻的山，中間的道路狹窄，大批人馬想快速通過非常困難。如果這時大帥你率領大軍在正面阻擋韓信兵馬，高築城牆，避而不戰，我率領三萬兵馬，從後面抄截斷他們的糧車，你統率大軍正面阻擊漢軍，把城牆砌得高高的，不與漢軍交戰。這樣一來，韓信進退不得，又沒有糧草食物供應，只要圍困十天左右，必然可以生擒韓信等人，大敗漢軍。」

但是，大將陳餘並沒有採納這條好計策。

破釜沉舟，有時需要逼自己一把

韓信聽說謀士李左車的計謀被否定後，心裡已然無後顧之憂。於是，他連夜行軍，把軍隊駐紮在離井陘不到三十餘里，靠近河岸的寬闊地帶。到了後半夜，韓信派出五千騎兵，每人手中扛著一面漢軍的軍旗，繞道了趙營的側後方，埋伏起來，等到趙軍攻打漢軍，傾巢而出時，襲擊趙軍大營、改旗易幟，把趙軍旗幟全部患上漢軍的軍旗。

布置完後，韓信等人在河岸出擺出迎敵的陣勢。

陳餘等人看見韓信把兵馬集結在了背水處附近，大笑韓信幼稚，不懂用兵。靠近河岸雖然容易取水，但是一旦交戰起來，便沒有了退路。陳餘見這大好時機，立即下令主動出兵，率領大軍進攻漢軍。漢軍的五千騎兵見趙軍幾乎全部出動，只留下一個空營，立即殺了進去，很快占領了趙軍的大營，並且把中軍大帳的軍旗旗換上了漢旗。

韓信見趙軍來勢洶洶，假裝敗退，一直向河岸邊退去。

趙軍緊追不放，漢軍已經退到河邊上了，失去了退路。漢軍將士看到自己身後是波濤洶湧的河水，深不見底，一個個奮勇殺敵，拚命廝殺，背水一戰。而趙軍看到漢軍一個個像瘋子一般，完全不要命，久戰不勝，士氣開始低落，這時突然有人喊：「漢軍攻破了趙軍大營！」趙軍看到後面的軍營桅杆上高高懸掛著漢軍的旗幟，頓時軍心大亂，一個個無心戀戰，紛紛潰逃。漢軍這時士氣大振，前後夾攻，一鼓作氣，殺了二十萬趙軍落花流水。

風險是由於形勢不夠明朗造成失敗的主要因素。冒險是明知有失敗的可能，仍然堅持掌握一切有利因素。很多事情不能逃避，必須要冒著風險堅強面對。其實，困惑和風險也是欺軟怕硬的，你強他就弱，你弱他就強。

最困苦的時候，你沒有時間去流淚；最危險的時候，你沒有時間去猶豫，這時我們就要險中求勝，破釜沉舟。想要脫離困境，就要敢於冒險，與其在逃避中毀滅，不如背水一戰，這樣才有成功的可能，因為勝利和冒險並存。在這個時候選擇背水一戰，可以激發最大的潛能，發揮最大的戰鬥力，從而獲得成功。

擁有破釜沉舟的勇氣，發揮背水一戰的潛能，不要被周圍的膽小鬼所害，選擇認輸，即便真的到了山窮水盡疑無路，還會有柳暗花明又一村。因為有時候，你不狠狠地逼自己一把，你都不知道自己其實有多優秀！

包裝巧妙，讓人抓不住真相

在現實交往中，我們不可能每個人都占盡優勢，具有出色能力、擁有亮眼學歷、出生於背景雄厚的家庭，也許你很平凡，平凡得就像喧鬧的大街上擁擠的人群中的一員，無人知曉、沒人注意。

這時，即便你周圍的人都看不起你，你也不要因此而灰心喪氣，就算別人看不起你，如果你也跟著妄自菲薄，那就是被他們給害了。重要的是你要自己看得起你自己，這時的你最需要擁有善於包裝自己的能力。

俗話說得好：「佛靠金裝，人靠衣裝。」這說明即便你不是很出色，只要你能夠善於包裝自己，打造自己，讓別人摸不透你的本質，你照樣可以瞞過別人，完成自己想做的事情。

如果你沒有足夠的資產，那麼你可以適當地「偽裝」一下，適當地打腫臉充胖子，來顯示出一定的實力，來迷亂你的對手，讓他們沒有膽量和你作對，對你的整體實力產生錯覺，從而讓看不起你的人看得起，讓想害你的人不敢害你。

在二十世紀初，日本神戶有一家是有名的煤炭企業——福松商會，會長年紀很輕，不超過三十歲，名叫松永；在橫濱則有一家小型的煤炭經銷商，名叫山下龜三郎，他的煤炭商店和其他小經銷店一樣，業績非常不景氣，因為他們被一些大型煤炭企業所壟斷，嚴重缺乏煤炭來源，店內經常缺貨。山下龜三郎想如果能夠得到福松商會的支持，那麼以後再不愁沒有貨源了，生意一定會旺起來，於是他想和福松商會建立合作關係，讓福松商會成為他的供貨商。

當他把這一想法告訴商店的合夥人竹內俊一時，他的合夥人睜大了眼睛，驚訝地說：「山下，你是不是發燒了？你認為像我們這樣毫不起眼的煤炭經銷商，能夠和福松商會這樣的著名企業建立合作關係，你認為他們會給我們送貨嗎？你別痴人說夢了，盡想些不實際的想法，還是去想一想可行的辦法吧。」

山下龜三郎聽了竹內的一番話，想了想，自己的想法的確不切實際，可是商店已經快到關門大吉的地步了。就在這時，他忽然想到了一個好辦法。

這天，福松商會會長松永先生收到了一封信，送信的人是當時神戶最出名的西村豪華飯店的侍者，信中說：「鄙人是橫濱的煤炭商，承蒙福澤桃介（松永的老友，曾借了鉅資給松永開辦商會）先生的部下流川介紹，欣聞您在神戶經營煤炭，請多關照。為表敬意，今晚在西村飯店準備了一場晚宴，恭候大駕，不勝榮幸。」

當晚，松永赴約去了西村飯店，並受到了熱情款待。在酒宴進行中，山下提出了自

包裝巧妙，讓人抓不住真相

己的懇求：「橫濱有一家煤炭零售店，信譽很好。老闆竹內俊一是我的老顧客。如果承蒙松永先生信任我，願意讓我為您效勞，透過我將貴商會的煤炭賣給竹內俊一，貴商不僅多了一條銷路，而且還可以獲取豐厚的利潤。不知先生意下如何？」

松永聽完之後，心裡有點拿不定主意。就在這時，山下叫來了飯店的一個服務員，請她幫忙買些神戶的特產瓦形煎餅來，並且從懷裡掏出一大疊大面額鈔票，交給女服務員，算是是給她的小費。

松永看到山下出手如此大方，暗暗吃驚，心想要是兩方合作，他在分潤上或許也相當大方，說：「山下先生，我可以考慮接受你的請求。」當晚，松永便與山下龜三郎簽下了合同。

豐盛的晚宴後，松永一離開，山下就馬上回去，要知道西村飯店這樣高的消費，哪是山下所能承受的。他是背著竹內偷偷地把煤炭店作抵押，臨時向銀行借了一些錢。山下利用豪華氣派的西村飯店作舞臺，成功地上演了一齣財大氣粗的「胖子戲」，從而與福松商會建立合作關係。

從那以後，山下沒有多花什麼錢，就從福松商會得到煤炭，再轉賣其他經銷店，從中抽取大筆利潤，很快成為了當地的富翁。

山下沒有因為竹內俊一而打消自己的決定，如果他跟竹內一樣，結果肯定是關門大吉，反而害了自己。或許我們的身分都是平凡的，或許我們都是名不見經傳的。但是這並不要緊，只要你懂得推銷自己，最後必定成為強者。

美國人際關係大師卡內基說：「生活就是一連串的推銷，我們包裝商品，推銷一項計畫，我們也應該具備推銷包裝自己的能力，包裝自己是一種才華，也是一種生活藝術。當你學會包裝自己，別人就看不清你的真相，你也不會受到別人的傷害。」

或許我們的身分都是平凡的，或許我們都是名不見經傳的。但是這並不要緊，只要你懂得包裝自己，不僅能辦成事情，還能保護好自己。

精於取捨，堵住算計你的人

在人生的道路上，不可能總是收穫滿滿，也不可能一路都在失去，所以我們要擁有善於取捨的能力，該取的取，該捨的捨。只有這樣，我們才能得到我們該得到的，捨棄我們該捨去的，這樣才會活得快樂。

這就是人生有得有失的道理，人生只能朝著一個方向前進，人生的苦惱，有時是因為受到了周圍人的影響，在面對一些難以取捨的問題時，沒有學會如何放棄，也沒有學會如何得到，從而陷入困境和痛苦之中，有時可能就如此抱憾終生。

所以，善於取捨的人從不會受周圍人的影響，總是在得失之間及時選擇，在放棄反而能帶來好結果時當機立斷地放棄。同時，在此過程中，他們也深深地明白：人生有些範疇是完全可以放棄的，而有些範疇又是完全不可放棄的，比如榮譽和利益可以放棄，而權利和義務不應該放棄；既有觀念可以放棄，而人格和尊嚴則不可放棄；結果可以放棄，而過程則不可以放棄；情感可以放棄，而責任則不可以放棄；生命可以放棄，而信仰必須堅持。

所以，這些人總是活得遊刃有餘，即便身邊的人再怎麼去影響他，他總是能取捨得當，不被人利用，也不會被人蠱惑，這是一種魄力，更是一種能力。

第二次世界大戰的硝煙剛剛散去，為了維護世界和平，避免發生大規模的戰爭，以美、中、英、法、蘇為首的同盟國商議決定，共同成立維護和平的國際組織——聯合國，來專門處理和協調國際事務，並把聯合國的總部設在美國紐約。

很快，聯合國就成立了，然而這個國際性組織機構需要一個辦公大樓。在寸土寸金的紐約要買一塊地需要一大筆資金支持，對於剛剛經歷大戰的各國來說，每一個國家都是國庫空虛，甚至有許多國家赤字還居高不下，更何況自身的戰後重建和恢復也需要一大筆錢，哪還有資金來買地建造大廈，也不能要這筆費用完全由美國國庫承擔。對於這樣的事情，聯合國成員國都非常傷腦筋。

這個消息很快就被媒體散播開來，同時也傳到了美國那些著名財團和有錢大家族企業那裡，然而，各大財團紛紛表示，要他們出鉅資來給聯合國買地，還不如要他們直接把錢投進大海裡，誰也不願意把錢白白丟失。

面對身邊財團發出這樣一致的聲音，洛克斐勒家族卻獨樹一幟，不僅沒有表示沉默，還主動籌集了八百七十萬美元，在紐約的繁華地段買下一塊地，並無償地贈送給剛剛成立的聯合國。與此同時，洛克斐勒家族還把建造聯合國大樓周圍的地全都買了下來。

洛克斐勒家族的這一反常舉動，對於聯合國來說，無疑是天上掉下了一個大餡餅，因此，洛克斐勒家族的做法受到了很多大財團的嘲笑，有人說洛克斐勒家族的做法：「簡直是蠢人之舉！」並紛紛斷言：「以這樣的投資判斷，不出十年著名的洛克斐勒家族財團就會土崩瓦解，淪落為貧民家族。」可是，洛克斐勒家族對於周圍人這樣的嘲諷，完全置之不理。

然而，令人沒有想到的事情發生。聯合國大廈很快就建成了，隨著聯合國在國際事務中發揮越來越重要的作用，這座大廈很快就在國際中變得知名起來，甚至成為美國紐約市的一座新地標，而它周圍的地價也迅速飆升起來，價格翻了十倍，又漸漸增高到近百倍。

這種狀況，令曾經嘲笑過洛克斐勒家族的財團和地產商們目瞪口呆。同時，洛克斐勒家族因為擁有超凡的取捨能力，並未受到同行業財團們的影響，獲取了巨大的投資收益。

如果洛克斐勒家族和周圍其他財團一樣，沒有做出捐贈之舉，因為乍看之下前景並不看好，就順著直覺忽略眼前的可能性，也就可能不會有後來的巨大回報。這無疑是丟棄了一個大好機會。

所以，我們要做一個精於取捨之人，要避免受周圍人的影響，獨自判斷，切莫隨波逐流。

我們還要知道，沒有失便沒有得，生活就如同把一塊上等的木頭雕刻成一件工藝品一樣，我們必須知道哪些部分是必須除去的，才可能做成一件工藝品。

這樣，做一個懂得取捨、善於取捨的人，我們就可以不被周圍的人所拖累。雖然在這個世界上魚與熊掌不可兼得，但是我們可以得到最需要的那個。

洞悉被別人忽略的盲點

不論在做人上，還是在做事上，你是否有跟隨多數人的經驗？從眾心理導致我們吃盡了苦頭，即使在很多人看來，跟著周圍大多數人走沒有錯，至少，就算走錯了也不是自己的錯。然而事實上，正是前面這支帶給你安全感的隊伍害了你。真理往往不是掌握在周圍大多數人手裡，恰恰是掌握在你自己的手掌心上。

因此，我們迫切需要掌握真理的能力，不隨波逐流，做自己最自在。大多數的人眼球總是跟著熱門話題或趨勢，只有少數洞察蹊徑的人可以看到，這其實是一種「虛熱」的繁華，而真正有價值的機會，總是藏在了這些跟風者們遺忘的角落、忽視的地方。如果我們能掌握做自己的真理，就可以從這些盲點中發現成功的胚胎，找到價值的種子。

在這個越來越成熟的社會大潮流中，提供給人們的機會不是很多，但依然有很多人可以在激烈競爭的夾縫中找到一些被人忽略的盲點，看準人們生活習慣中蘊藏的機遇，果斷出擊，避免和普通大眾隨波逐流，從而一躍成為成功的人。其實在機會的場地上，雖然看上去似乎已經座無虛席，但只要你擠上去，仍能找到立足之地。

洞悉被別人忽略的盲點

某家服飾公司的小劉哥是一個善於捕捉商機的人，他敏銳地捕捉到商業的盲點，不去和周圍的服飾店一樣跟隨潮流，而是獨創一套自己的經營模式。他的經營祕訣可以概括為十二個字：人無我有，人有我專，人缺我補。

年輕時，小劉哥只是一個小商人，開著幾家小服飾店，由於實力薄弱，周圍的競爭對手大到百貨公司，小到和他一樣的服飾店，大家都在互相排擠和競爭，服飾店的生意慘澹，門可羅雀。

有一天，小劉哥來到一家分店，發現該店生意很不景氣，心裡一沉。經由詢問該店員工，小劉哥找到了原因，在分店的不遠處新開了一個大商場，不僅衣服式樣繁多，而且價格相對低廉，有著許多優勢，而他的店不論在種類還是地段上，都占不到便宜。

小劉哥最後終於想通了，原來自己的生意一直不景氣，完全肇因於周圍這些競爭對手，但是想要擺脫這些競爭對手，必須要另闢蹊徑，不走尋常的行銷路線，才可以擺脫眼前的困境。

鑑於這種情況，小劉哥決定利用自身「小」的特點去求發展，他注意到周圍商場營業時間是早上九點至下午六點，這些時間對於大部分上班族來說很不方便。小劉哥發現銷售時間的盲點，於是果斷地調整了營業時間，將每天的早上九點至下午六點改成了早上六點至早上九點，和下午五點至晚上十一點這兩時間段，這樣就把營業時間與周圍商場錯開了。當別人營業的時候，自己關門大吉；當別人不在營業的時候，自己開門迎客，這樣的營業時間正好滿足了那些早出晚歸的消費者，同時也避免了和那些有實力的大商場和百貨公司正面競爭。

另外，小劉哥除了在營業時間上劍走偏鋒，他還從自家商品品項上下功夫，專賣幾種品牌服裝，使得分店的衣服各具風格，與周圍的大商場們不同，這樣不僅可以吸引顧客，提高商店的聲譽，而且因為類型不同，避免了與周圍商家削價競爭損及自己。

幾年後，小劉哥終於建立了屬於自己的服裝銷售王國。

憑著另闢蹊徑的行銷模式，從人們的生活習慣著手，既提高了自己的經營業績，同時也避免了同行間惡性競爭，使得小劉哥的服飾店不僅沒有受到周圍商家的迫害，而且在夾縫中求得生存，不斷發展壯大，成為了服裝行業屈指可數的大老闆之一。小劉哥每次都是在大局不利的情況下致力尋找商機，巧勝對手。

善於另闢蹊徑的人，會發現別人看不到的地方，利用別人沒有發現的資源，這樣他既能避免在別人面前受到競爭，又能在新的領域搶占先機，占領高地。他們不走尋常路，從小路殺到大路上，走在別人忽視和看不到的地方，因此，少了競爭和阻力，少了不必要的損害，他們往往能比別人更有優勢，也能更領先一步成功。

所以，我們想要不被周圍的人所害，就要善於打破常規，才能發現問題的所在，找到更好的方法，才會有重大的突破，邁向成功。

獨立自主，經得起小風小浪

有這樣一則寓言故事：從前在大森林裡有一隻狼和一隻獅子感情不錯，獅子每次捕到獵物進食後，都會剩下一些，送給狼當晚餐。這樣一來，狼就過上了飯來張口的愜意生活。這被一只總在天空盤旋，尋找獵物的老鷹見了，心裡很瞧不起它，問狼：「你為什麼不自立更生，老是依賴別人去給你追捕獵物，而且還是別人吃剩下的？」狼看了看蒼鷹說：「那樣每天捕捉獵物太麻煩了，為了食物而不停地奔波。而我現在可以坐享其成，再說獅子大哥說不用我去辛苦捕獵，這樣不是很好嗎？」蒼鷹嘆了口氣說：「靠別人終不是長遠之計，你不能聽獅子的話，你應該學會自立才對，否則有一天會害了你自己。」狼搖搖尾巴，扭頭就走了，繼續跟在獅子的後面。

時間不長，森林裡起了一場火災，許多動物紛紛逃走了。獅子捕到的獵物越來越少，給狼剩下的也越來越少。最後有一天，獅子不得不打起了狼的主意，而此時狼已經餓得再也跑不動了，成了獅子的晚餐。

寓言的道理很簡單，就是告訴我們要擁有自我獨立的能力，不能什麼事情都靠周圍的人。因為周圍的人不是永遠都靠得住，周圍的人也可能有天反過頭咬你一口，你就成為他們的犧牲品。

誠然，生活中我們需要借助外力，比如朋友的幫助、上司的提攜等，但所有的這一切都是建立在自我奮鬥的基礎上的，這就要求我們要有獨立自主的能力。如果你事事都指望別人，那麼很快就會在激烈的競爭中被淘汰，受到這樣的依賴所害。

阿保的父親開了一家小吃店，經營了多年，已經從剛開始的一家小店發展成一間大餐廳。餐廳主要販賣粵菜，不過當地也有很多的粵菜餐廳，所以儘管生意不錯，但是仍盈利微薄。

阿保的父親希望子承父業，憑藉父親這些年累積的人脈和客源，一直將餐廳經營下去。然而，阿保要求餐廳改做川菜，雖然川菜很辣，和原本客人習慣的粵菜口味大大不同，這樣的改變需要冒很大的風險，況且父親對粵菜有深厚的情感。於是父親強烈反對，害怕一輩子的心血毀在了兒子身上。

但是，但是阿保就是喜歡四川菜，認為是心中最好吃的。而且如果餐館繼續做粵菜，要面臨太多競爭，不一定能享有優勢。兩人想法難以調和，本來想直接將餐館轉型做川菜的阿保決定靠自己，不再依賴父親。於是，拿著從別人那裡借來的一些資金準備創業。但是，創業之路是艱苦的，轉眼間身上的錢就花光了，而他也被房東趕了出來，流浪街頭。

後來，他被一家料理店的老闆收留，但是要求他不要再做四川菜，因為太辣了，客人吃不習慣。

但阿保堅持認為還是川菜好。因為沒有資金，他只能從最基本的工作做起，累積一點錢後開起流動攤販，每天推著攤車到處招攬客人。剛開始客人很少，利潤也很微薄，他只能過著拮据的生活。每天除了推銷菜品外，還要親自採購原料，每天結束都腰痠背痛。但是，阿保總是能獨立自主，毫不動搖自己的川菜夢。

經過十幾年的打拚，他從川菜攤開到川菜館，規模越來越有大，也越來越有名氣，已經成為當地最有特色且受歡迎的餐廳了，每天營業額都十分可觀。而父親的粵菜館生意江河日下，日益慘澹，最後不得不轉手給了別人。

阿保說：「我沒有依賴父親，完全依靠自己，終於獲得了成功。如果當初同意了父親的意見，今天我就是一個失敗的老闆。」

阿保的成功源自於他具有很強的獨立自主的能力，沒有受到父親的影響，他當初要是依賴父親，反而被父親耽擱自己的人生事業。

那麼，如何才能做到獨立自主呢？

第一，要敢於承擔責任。或許有些工作的確難度很大，這時要擺脫那些推卸責任的思想。如果你不讓自己接受挑戰，就很難取得提升，獲得突破。能夠自己獨立完成的工作，最好不要去依賴別人。就算一定要得到別人的協助才能完成，也要努力使自己在其中扮演重要角色，而不是甘於當別人的拖油瓶。經過多次鍛煉之後，你的能力就會得到提高，面對突發事件時也不會再手忙腳亂。

第二，磨練自己的意志力。獨立自主也就意味著你要獨自面對許多棘手的工作，如果沒有堅強的意志來支撐，會很難取得成功。這就要求我們要磨練意志，只有這樣才有勇氣去面對生活或工作中的困難。

第三，生於憂患，死於安樂。獨立味著我們要肩負更大的責任，承擔更大的壓力。但過程中我們的心智往往也得到磨練。成功總是要付出代價的，那些整日躲在他人保護傘下的人很難會做出驚天動地的偉業來。

學會獨立自主，我們才不會成為別人的附庸，最終被別人耽擱。學會獨立自主，我們才會在事業上取得成功。

做擅長的事最有勝算

唐朝大詩人李白在著名詩篇〈將進酒〉說：「天生我材必有用。」我們每個人只要來到這個世界上，都是有用的人才，否則上帝不會把我們帶進人間。因為我們每個人都有各自的長處和潛能，只不過有些人能挖掘長處，從而獲得成功，而有些人受到周圍的影響，埋沒了自己的天賦。

據調查，有百分之六十的人，正是因為找到了自己最擅長的長處，才徹底地掌握了自己的命運，成為事業有成，或者在某一方面做得出色的人；而另外有百分之四十的人，從不知道自己的天職，做著不擅長的事，或者明明知道自己的天賦優勢，卻因為周圍的人影響，因而從沒有機會發揮出來。

所以，天生我才必有用，每個人都有擁有一個發揮自己長處的能力，只有擁有了這種能力，即便周圍的人再怎麼閒言閒語，你都不會受到影響，因為你總是會知道怎樣把自身金色的光芒散發出來，讓別人知道你是一塊金子。

可以說，很多人能成功，首先因為他們能夠充分地了解自己的長處，並從自己的長處入手，將它發揮了出來。那些不被周圍人所害，最後成功的人，都有一個共同的特徵：不論才智高低，也不論從事哪一種行業、擔任何種職務，他們都在做自己最擅長的事情。

下面是一個撞球好手的故事：他讀書的時候，並不是一個十分出色的學生，學習成績平平，並且對很多課程一點也不感興趣。下課時，經常去玩撞球，以至於學業荒廢。

他的班導曾對他父親說：「這個孩子天生不是學習的料，還是送他去五專學一門技術，將來好生活。」

面對班導的直言不諱，這位父親有點傷心，但是他又不忍心把孩子送去五專，他認為他的兒子一定有過人之處，將來一定不會讓人瞧不起。

有一次，父親打撞球時，不幸被對手打了一桿障礙，父親怎麼也解不了。不過這時站在一旁的好手說到：「解這個球還不簡單！」父親聽了，賭氣說道：「簡單你來。」反正這桿障礙解不了也就輸了，父親把桿扔給了好手。沒想到的是，好手不但解了對手的這桿障礙，而且還一桿清臺，奇蹟般地替父親贏了對手。

父親看到了兒子具有撞球長才，於是決定培養兒子打撞球。於是，一家人背井離鄉，來到英國，學習撞球的技術。父親的這一決定，立即遭到了家族親戚和朋友的反對，他們一致認為父親是把孩子領入歧途，好好的書不去讀，不去學校，去學什麼打撞球，簡直是不務正業。

父親認為自己的決定是對的，因為他看到了兒子在這方面有著過人的天賦，也只有讓兒子今後走上撞球這條路，才可以出類拔萃，如果做其他行業，可能是平平庸庸，毫無作為。

後來，事實證明，父親是對的，這個孩子在國一就輟學了，在讀書上他是一個失敗者，而在撞球上他是一個天才。在球臺上，角度的計算，出桿時力度的把握，都恰到好處。在他成名以後，他的父親說了這樣一段值得我們深思的話：「我認為孩子都有著不同方面的聰明，這需要家長去發現孩子真正的聰明之處在哪裡，我們不能因為周圍人言論而迷失了自己，讓自己的孩子去走別的孩子的路，只有讓孩子發揮自己天賦，才是最有效培養孩子的方式。如果一味接受別人的反對，那只會是害了我這個做父親的，同時也害了孩子。」

事實的確如此，無論是歷史上還是近代，沒有哪一個認識到自己天賦的人，會成為無用之輩；也沒有哪一個出色的人，誤聽了周圍人的判斷，埋沒了自己天賦，從而沒有能夠逃脫平庸的命運。

因此，我們要做一個善於把握自己強項的人，要學會根據自己的優勢來發揮長才，量力而行。根據自己的才能、興趣、環境、條件等，確定進攻方向。

要成為一個成功的人不僅要善於觀察世界、觀察事物，也要善於觀察自己、了解自己，充分發揮自身的優勢。當你發現你的天賦時，不管外界的人怎麼說，怎麼去影響，你需要做的就只是咬定青山不放鬆，那麼成功之花必將為你盛開。

借雞生蛋，用別人的手做自己的事

一個人能力再強，也有自己的弱項，因為每個人不可能十全十美，雖然得秉持自身獨立的原則，但我們往往還需要借助別人的力量才能達成自己想做的事情。有的人這點，總認為借助別人沒有自己那麼可靠，因而嚴格執行凡事只靠自己的原則，這樣反而是害了自己，最後只能是追悔莫及。

俗語說，「多個朋友多個幫手」。在競爭激烈的現代社會裡，擁有借助外力的能力越來越重要，善於利用外界的關係往往可以使你少走許多彎路，直指成功的彼岸。

能借別人的手幫自己做事，就等於自己在做事。無論是你的朋友，還是你的對手，或者是你根本不曾相識的人……只要你能夠借助別人之手，來完成自己的事情，你就掌握了主動權，即便有人想趁機從中使詐，也不能逃出你的手心。

哈爾莫斯起初只是一個運貨工人，後來他開了小物流廠，專門為別人提供郵購業務，即顧客透過郵件訂貨，然後由他來負責把貨送上門。然而，剛開始的時候由於資金不足，他只能接受有限的幾種商品的代理，每年只能做四五萬美元的郵購業務。他想，必須與人合作，借助他人的力量，才能把生意做大。

很快，他遇到了一個理想的夥伴。那是一個月明星稀的夜晚，哈爾莫斯一邊在郊外散步，一邊思考著生意。突然，不遠處傳來了汽車聲，不一會兒，一個開福特汽車的人來到哈爾莫斯跟前，向他問路。這個人叫哈羅斯，在夜晚迷路了，到處徘徊很久，都找不到去市中心的路，此時已是人困馬乏。

哈爾莫斯出於熱情，便將哈羅斯請到他的小店中，想不到兩人談得很投機，決定合夥做生意，並成立一家物流公司。哈爾莫斯有十年的物流經驗，而哈羅斯有錢，可以提供雄厚的資金，兩人聯手，可謂相得益彰。他們經營的物流公司第一年，公司的營業額就達到五十萬美元，相當於哈爾莫斯一個人經營時的十倍。

然而，哈爾莫斯管理經驗還是不足，做點小生意還可以，生意大了就招架不住了，而哈羅斯根本不懂管理，兩人都有了力不從心的感覺。於是，哈羅斯提議找一個有豐富管理經驗的人，來做公司的總經理。

然而，哈爾莫斯卻非常抗拒這個提案，因為要把公司大權全部授予一個不認識的人，自己退居二線，實在是不甘心。最後，兩個人由於意見不合，公司按照當初的協議被一分為二，各自經營。

哈爾莫斯的公司仍舊自己經營，而哈羅斯則聘請了一位經理，新經理接受任命後，果然不負重托，兢兢業業地為公司效勞。新經理很快就發現了公司的管理問題，因為做郵購業務與傳統生意不同，顧客對購買的商品難免不滿意，退換卻很困難。如果不解決這個問題，很多顧客就會放棄郵購這種方式，公司的發展將受到很大阻礙，公司對此束手無策。因此他必須杜絕這一管理上的漏洞，從源頭對進貨品質嚴格把關，絕不讓劣質品混進公司的倉庫，以保證賣給顧客的每一件商品都貨真價實，減少因為商品瑕疵而必須退換的可能。

很快，哈羅斯的公司在新經理的帶領下日益壯大。而哈爾莫斯的物流公司，由於疏於管理，經常受到顧客的投訴和退貨，嚴重影響了公司的生意，更流失許多客戶，公司即將面臨這破產的危險，最後不得不關閉了公司。

哈爾莫斯從一個微不足道的小商人，變成一個物流公司的老闆，然後變成了一個失敗的經營者，他的成功得益於他發揮了借助他人的能力，尋找了一個合作夥伴為他提供資金支持，發展壯大業務經營，在這一點上，他無疑是聰明的；然而他的失敗在於他最後沒有借助他人，怕被別人所害，最後聰明反被聰明誤，導致公司解散，最後自己的公司也落個關門大吉的下場。

生活中，有時你吃虧，並不是因為別人對你採取不利的行動。當別人有優勢，你卻不善於運用這些人的優勢、借力使力，其實也因此而吃虧，因為你不用，總會有其他人用。

假輿馬者，非利足也，而致千里；假舟楫者，非能水也，而絕江河。我們要學會善於藉助外物的力量，不要因為浪費了周圍大好的資源而吃虧。

第三卷　近朱者赤近墨者黑——親賢遠佞是關鍵

古人說得好，君子居必擇鄉，游必就士。跟好人在一起，不僅對自己有益，而且還能藉以自我提升；跟壞人在一起，不僅會拖你下水，還會讓你受到傷害。所以，親賢遠佞是避免傷害最好的方式。

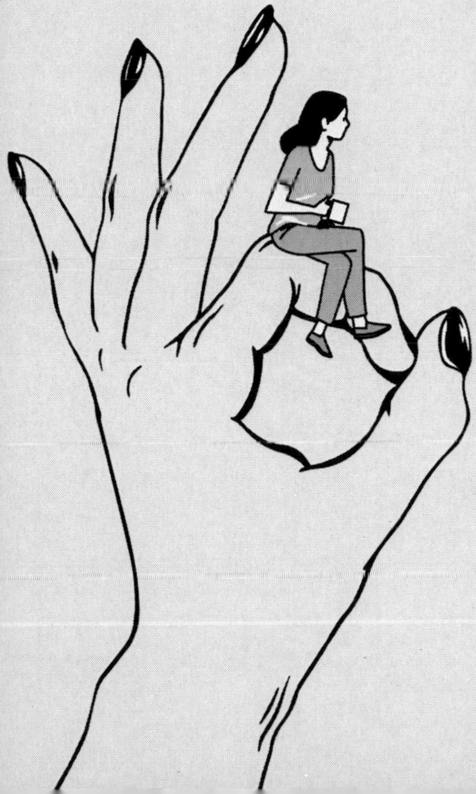

尋找人生中的貴人

一生當中，你會做很多事情，也許你是一個能力出色的人、也許是一個勤奮的人，也許你可以不借助外力來做成自己想做的事情，但是如果你的人生遇到一個貴人，那麼原本出色的你，會更上一層樓；原本平庸缺乏機遇的你，會從此平步青雲；原本還處在困境中苦苦掙扎的你，會柳暗花明又一村，點石成金。

因此，我們每個人在提高自己各方面能力的同時，還應該尋找到人生中的貴人。找到貴人，有助於我們遠離那些想害我們的人；有了貴人的相助，可以讓那些想害我們的人望而卻步。

每個人都會遇到困難，有些困難只靠自己解決不了，必須借助於朋友，或貴人的力量，才可圓滿解決。和別人保持良好關係，在有需要請求別人幫你忙時，才不會無從開口，而別人也比較樂意幫助你。

所以，也不要因為我們的周圍存在著扯我們後腿的人，便忽視了對我們有用的人，如果這樣，即便周圍那些要害我們的人沒採取任何行動，我們也已經因為過於忌憚他們，而白白喪失開展新關係的機會，因此又可能產生更大的損失。我們要善於交際，在交際的過程中，保持著近朱者赤近墨者黑的原則。

在漫漫的人生旅途上，在發展事業的艱辛歷程中，多一個朋友也就多一分信任，多一分機遇，多一條道路，這樣才不顯得孤獨，才不顯得孤立無助。

查爾·默斯特從父親的手中接過了一家食品店，這是一家老店，很早以前就存在而且很有名了。查爾·默斯特希望它在自己的手中能夠發展得更加壯大。

一天晚上，查爾·默斯特在店裡收拾，第二天他將和妻子一起去度假，因此打算早早地關上店門，以便作好準備。突然，他看到店門外站著一個年輕人，面黃肌瘦、衣服襤褸、雙眼深陷，典型流浪漢的樣貌。

查爾·默斯特是個熱心的人。他走了出去，對那個年輕人說：「年輕人，有什麼需要幫忙的嗎？」

年輕人略帶靦腆地問：「這裡是查爾·默斯特食品店嗎？」他說話時帶著濃重的墨西哥口音。

「是的。」

年輕人更加靦腆了，低著頭，小聲地說：「我是從墨西哥來找工作的，可是整整兩個月了，我仍然沒有找到一分合適的工作。我父親年輕時也來過美國，他告訴我他在你的店裡買過東西，就是這頂帽子。」

查爾·默斯特看見年輕人的頭上果然戴著一頂十分破舊的帽子，那個被汗漬弄得模模糊糊的「V」字形符號正是他店的標記。

「我現在沒有錢回家，也好久沒有吃過一頓飯了。我想……」年輕人繼續地說。

查爾．默斯特知道了眼前站著的人只不過是多年前一個顧客的兒子。但是，他覺得應該幫助這個年輕人。於是，他把年輕人請進了店內，好好地讓他飽餐一頓，他們成了朋友，他還給了年輕人一筆路費，讓他回國。

過了幾十年，查爾．默斯特的食品店生意越來越興旺，在美國開了許多家分店，他是決定向海外擴展，可是由於他海外沒有根基，想要從頭發展也是很困難的。為此，他一直猶豫不決。正在這時，他突然收到一封從墨西哥來的一封陌生人的信，原來正是多年前他曾經幫助過的那位流浪青年。

此時，那位當年的年輕人已成了墨西哥一家大公司的總經理，他在信中邀請查爾．默斯特來墨西哥發展，與他共創事業。這對於查爾．默斯特來說真是喜出望外。有了這位總經理的幫助，查爾．默斯特很快在墨西哥建立他的連鎖店，並迅速發展起來。

因為交了好朋友，發現了貴人，查爾．默斯特才走向了成功。人際交往的對象是人，是活生生的、現實社會中的人。人是世界上最複雜的個體，具有思想、感情、意志和行動。處在社會聯繫之網的你我都要不失時機地廣交朋友，參加各種聚會、多和陌生人交談，積極為自己創造機遇。這樣，你的社交圈越大，你發現貴人的可能性就越多。

三分天註定，七分靠打拚。我們一直相信「愛拚才會贏」，但往往有些人即使拚了也不見得贏，關鍵就在於缺少貴人的相助。當你遇到自己的貴人時，就要好好地把握住自己的貴人，因為只有生命中的貴人才可以讓你步步高升。

志不同，不相為謀

有位心理學家曾做過這樣一個實驗：將十幾個素不相識的人關在一間屋子裡，與世隔絕。幾天後發現，有共同愛好和追求的人大都成為好朋友，而沒有共同愛好和追求的人則彼此勾心鬥角。

生活中，獨自一人拚搏是辛苦的。那意味著你要自己扛下一切風險，要自己面對一切難關。即便成功後，也缺乏分享的人，只有留下自古英雄多寂寞的苦嘆。所以，我們要尋找與我們志同道合的人，這就如同幾股涓涓細流，最後終將匯成江河，形成一股強大、無堅不摧的力量。如果你能有志同道合的朋友一起合作來成就大事，那前進的阻力無疑會小得多。

相反，如果我們和周圍那些目標、價值、觀念和興趣不同的人在一起，這樣時間久了，即便現在是好朋友、好同事，也最終會有反目的那一天。

所以，俗話說得好：「道不同，不相為謀。」我們不希望有天與朋友因志向不同而拔刀相向，或者因他們而迷失人生目標，我們要做的就是趁早分道揚鑣，你走你的陽關道，我走我的獨木橋。

管寧不願與華歆為伍的故事就是一個很好的例子：

管寧和華歆在年輕的時候，關係非常好，一起吃飯、一起讀書、一起睡覺，可謂是形影不離。

有一天，兩人一起去田裡耕地，準備翻新出一塊地來種菜。兩人還沒幹多久，管寧一鋤頭下去，只聽一聲巨響，似乎碰到了一塊大石頭。

於是，他扒開周圍的泥土，發現了土裡埋了一塊長方形的石頭，撿起來一看，原來是一塊金子，除去上面的泥土，這塊「石頭」發出了金燦燦的光芒。

管寧捧著這塊金子，自言自語地說道：「我原本以為真的是一塊石頭，原來是金子擋住我的鋤頭。」他隨即把這塊金子扔到了一邊，彷彿真的扔掉一塊石頭，繼續埋頭翻地。

「什麼？你挖到了一塊金子！」華歆看到管寧翻到金子，趕緊丟下鋤頭奔了過來，拾起地上的金子，牢牢捧在手心，眼裡泛出貪婪的目光。

管寧看到華歆痴迷金條，有點生氣地說：「一個有生活原則的人，不會貪圖不勞而獲的東西，真正的金條應該透過自己的汗水，付出辛勤的勞動來打造。」

華歆聽了，礙於情面，只能戀戀不捨地放下金條，說：「你說的道理我也知道！」雖然他放下了金條，但是接下來的時間總是心不在焉，時不時就會看幾眼放在一旁的金子。管寧見他這個樣子，嘆了一口長氣，搖了搖頭繼續賣力耕作。

有一天午後，他們在一張席子相對而坐，埋頭讀書。兩人正在全神貫注之時，忽然外面出來了一陣歡快的鼓樂之聲。伴著鑼鼓轟鳴，大街上人聲鼎沸起來，聽起來非常熱鬧的樣子。於是華歆兩人放下課本，走到門前看了看外面到底發生什麼事情。

原來是本縣的一位大財主嫁女，前來迎親的隊伍是一大隊人馬，歌舞管樂，尤其是新娘的轎子，雕刻著一隻美麗的大鳳凰，整個轎簾是用五彩綢緞製成，上面繡滿了玫瑰牡丹的圖案，並且裝飾著金線，轎子頂還鑲了一塊碧綠色的大翡翠，顯得十分光彩奪目。

管寧看都不看，一直坐在席子上捧著未讀完的書，對外面的熱鬧完全充耳不聞。華歆卻完全忘記了讀書，被眼前這樣豪華的儀仗深深地吸引，不自覺地踏出了屋外，追隨著外面看熱鬧的人群。

管寧看到華歆這個樣子，不禁仰天長嘆，心裡感到非常的悲痛。直到車隊走了很遠，華歆才回來，臉上滿是歡喜和羨慕之色。這時，管寧拿出了刀子，在華歆的面前，把一塊好好的草席從中間劃開，一分為二，說道：「華歆，你是我的朋友，但是你和我的志向和人生觀念完全不一樣了，我們兩個人追求的是不同的人生境界。從此以後，我們兩個就分開吧，就像是一塊被劃開了草席一樣，不再是朋友了。」

這就是「割席絕交」的故事。這個故事告訴我們：遠離身邊志向不同的人，和他們劃分距離，劃清界限，只有這樣，我們才能夠免去周圍這些人造成的困擾。因為他們的情趣和志向有可能把你帶入歧途，讓你迷失自己，失去前進的動力和未來的人生目標。

司馬遷說：「世上學老子的人不屑於儒學，學儒學的人也不屑於老子。道不同，不相為謀。」這是思想觀念、學術主張不同，不相為謀的典型。道不同，不相為謀，各人會追隨各人的志向，因此不同志向的人在一起必然會意見相左，發生矛盾，彼此傷害彼此！

因此，「道不同，不相為謀」也是我們交際的一個重要標準。結交志同道合的朋友，志不同道不合那也只會南轅北轍，越走越遠。為了避免從矛盾中受害，我們盡量不與志向不同的人一起謀事。

提防猜忌心重的人

你身邊的人再好，如果他是容易起疑心的人，請不要和他深交，因為猜忌心很重的人不會信任別人，同時也會是一個沒度量、報復心強的人，跟這樣的人在一起，遲早會害了你。我們不要去招惹這些人，離他遠點。

然而，我們周圍卻有些人是惹不起也躲不起的，比如我們的上司，不僅躲不開，而且還要與他們朝夕相處。他是我們的「衣食父母」，甚至我們的人生前途都被他緊緊地攥在手心裡。

疑心很重的上司，往往不會把重要的任務交給你，也不會把我們安排在重要的崗位上，因為他害怕你威脅到他的權力和利益，長期下去，不利於人生事業的發展，甚至會阻礙你前進的步伐。在他手下，你動輒得咎，不僅冒犯他會被針對，立大功也可能被針對。

周勃在漢高祖劉邦打天下時，就開始追隨，屢立戰功，被封為絳侯。劉邦死後，呂后專權，漢朝岌岌可危。這時，周勃挺身而出，憑藉自己的威望，登高一呼，軍士們紛紛不滿呂氏專權，積極回應，發生了宮變，清除了諸呂，立了劉邦的第五個兒子劉恆為帝，史稱漢文帝。然而，漢文帝卻並不是一個心胸開闊的明君，他自知周勃的擁立之功，功高蓋主。漢文帝表面上對周勃加官進爵，背地裡卻疑慮重重，寢食不安，心中恐懼自己會重蹈呂氏覆轍。

就在這時，有人提醒周勃說：「大人剷除呂氏，匡扶漢室，可謂是居功至偉，皇上感激之餘，肯定也會產生顧慮之心。大人何不主動請退，以求保全自己呢？」

周勃一聽，一笑而過，說：「皇上宅心仁厚，我們還是不要以小人之心，度君子之腹，對皇上不敬。」

從此，為了重振漢室江山，周勃任勞任怨，想再立新功。他這般舉動，卻並沒有得到漢文帝的認可，反而加重了他的疑心。最後，他下旨宣告受封侯爵的人要退回自己的封地，於是周勃自請出了京城。

然後，這並沒有完全消除掉漢文帝的疑慮，後人有人誣告周勃謀反，漢文帝在未調查事情真相的時候，便將周勃逮捕入獄，下令處死。

周勃這才如夢方醒，原來忠心輔助的卻是一個昏君，自己立功越大，反而是越害了自己。

他重金收買了一個獄卒，獄卒出計策，讓周勃向自己的大兒媳婦——公主求救。最後，漢文帝的女兒哀求老太后出面，文帝這才不得已放了周勃一馬。

事後，獄吏說：「大人真是死裡逃生啊。我看管的這個獄門二十年了，只要進來的人，不管是有罪還是蒙冤的，沒有一個人能活著出去。大人的幸運，全是公主的功勞。」

周勃此時萬分感慨，連連搖頭說：「我自以為位高權重，忠心輔助皇上，卻落個謀反的下場。我先前不聽家人相勸，終有此禍，這其中的教訓太深刻了。今日大難不死，真是萬幸啊！」

周勃的錯誤就在自己沒有提防自己的上司，最終引來了殺身之禍。

在現代社會中，當我們遇到一個疑心重的上司，固然不會遭受砍頭之禍，但時不時被刁難、長期無法升遷畢竟也是不開心的事。這時，我們要把握好說話做事、應對進退的分寸，不和上司走得太近，避開他的猜忌，最大限度地保護自己；不然就暫時「解甲歸田」，一走了之，尋找一個新的公司和新的上司。

日常生活中有些非常能力的人，命運不濟，總是遇到猜忌心很重的上司。這時如果你鋒芒太露，雖容易取得暫時成功，卻為自己掘好了墳墓。當你施展自己的才華時，也就埋下了危機的種子。

所以，在特定的時候，要學會故意裝傻，與上司交往的技巧就是「故意裝傻」，不炫耀自己的聰明才智、不反駁對方所說的話。此外，學會變臉的功夫，同時也是為人處世的高明策略，能夠一會扮白臉，一會扮黑臉，像一位演員演好自己扮演的角色，從而消除上司的疑慮。

對小人的蔑視，要藏在心裡

有人說：「君子坦蕩蕩，小人常戚戚」；有人認為：「寧可得罪君子，也不能得罪小人」；更有人直言不諱：「小人難防」。

小人往往做事手段卑鄙惡劣，德行猥瑣，讓人防不勝防。如果你的周圍有小人，和他們在一起久了，說不定哪一天他就朝你下手。如果你一不小心得罪了他，比如言語或行動上有所冒犯，他心胸狹窄，會想盡一切辦法報復於你。即便他一時間對你無可奈何，也會牢牢地記恨在心裡，等到哪一天逮住機會毫不留情下手。

小人固然可恨，可是我們若不想被小人盯上，就不能太得罪小人。我們可以打從心裡瞧不起他，盡量與小人少打交道，但你大可不必把這種瞧不起表現出來，天天帶在臉上。

儘管對一般人而言，明明心裡厭惡，還要裝出若無其事、甚至歡迎尊敬的樣子確實不容易做到，但是沒辦法，這個世界既然給予了小人一定的生存空間，大家就應該學會與他們和平相處，而防止小人無端打擊的有效辦法之一，就是把對小人的蔑視藏在心裡，這樣是為了更好地保護自己。

對小人的蔑視，要藏在心裡

晚唐名將郭子儀每次在家宴請賓客的時候，常常會有一些侍女一同作陪，唯有一個人來訪時例外，那就是盧杞。盧杞每次到郭子儀做客的時候，郭子儀都會下令讓侍女們退去。他的家人們不明白郭子儀為什麼每次都這樣做，於是解釋說：「盧杞不僅容貌醜陋，而且還是一個心胸狹窄的小人，如果侍女看到如此醜陋之人，一定會笑出聲來。到時盧杞會記恨在心。萬一將來他有一天得志了，肯定會害了我們全家人。」

而楊炎就不同了，他和盧杞兩人同任宰相。楊炎相貌俊美，儀表堂堂，才高八斗，並且還善於理財，而盧杞的相貌奇醜，臉上有大片藍色痣斑，除了巧言善辯，別無所長，但忌賢妒能，使壞主意害人卻是無人能及。兩個人都在朝廷辦事，但是楊炎看不慣盧杞為人，不願同桌而食，經常藉故離開，去別處單獨吃飯。這時，有人對盧杞挑撥說：「你看，楊大人一點看不起你，就連吃飯也要另尋他處。」

盧杞聽了懷恨在心，於是故意向楊炎下屬官員找碴，並奏報皇帝。楊炎聽說此事非常氣憤：「我的手下人即便犯錯，自有我來處置，你為什麼瞞著我，暗地稟告皇上，實乃小人之舉。」

從此，兩個人結下了仇怨，隔閡越來越深，總是對著幹。

當時，節度使梁崇義對朝廷發動了一場叛亂，皇上命令節度使李希烈前去剿滅，楊炎不同意，說：「李希烈是一個兇狠無情的人，他殺害養父而奪了權位，屢屢居功自傲，並且不守法度。若是在平定梁崇義時立了功，以後可能就是第二個梁崇義。」

可是，皇上金口玉言，心意已決，對楊炎說：「這件事你就不要管了！」楊炎一再表示反對，這讓皇上當著眾人下不了臺階。

由於楊炎的反對，耽誤了一天。第二天下起大雨，李希烈一直沒有出兵，這時，盧杞向皇上進讒言，說：「李希烈拖延不肯出兵，正是楊炎反對他的緣故，陛下應該為了平定叛軍大事，穩住李希烈的軍心，不如暫時免去楊炎宰相的職位，也好讓李希烈放心！」

這番話表面上是為皇帝分憂，實則是為了對付楊炎，手段高明。皇上果然信以為真，於是下旨革去了楊炎宰相之職。

楊炎被罷免，盧杞獨掌大權。為了報復楊炎，他聽說楊炎在長安曲江池邊建了一座祖宗祠堂，便誣奏說：「先皇時，便說那處有帝王之氣，因此先皇才命令宰相蕭嵩遷走他的家廟；現在楊炎又在那裡建祠堂，必有叛逆篡位的野心！」

皇上本來就有些對楊炎不滿，於是便將楊炎貶至崖州，後來又把他處死了。

楊炎由於剛愎自用，把對小人盧杞的輕蔑擺在了明處，放在表面上，使得盧杞懷恨在心，最終被其所害。而郭子儀卻深知小人不可得罪的道理，同朝為官，還是小心為上，不得罪盧杞，從而保得一世太平。郭子儀、楊炎的對待小人的方法不同，最後導致一個可以永保富貴，而另一個則被處死。

得罪正人君子並不可怕，因為我知道得罪在何處，而小人則不然，如果你的身邊存在小人，你應該處處小心，更不能去蔑視、戲弄小人。小人愛記仇，更愛報仇，一旦你得罪了他，他就會想法設法去報復你。所以，對待身邊的小人，想要不被所害，我們就要小心為上，秉著堅持不得罪的原則，即使我們在心裡蔑視他、遠離他，也不能表現得太明顯，這才是正確的為人處事之道。

捕蟬的螳螂，須防背後的黃雀

螳螂捕蟬，黃雀在後，說的是有隻螳螂瞄準一隻蟬，一邊準備發動攻擊，一邊想像著這頓美餐的時候，卻不知道它的背後正有一隻饑腸轆轆的黃雀瞄準著它。這句成語說明了一個道理：在現實生活中，往往我們該提防的，並不是我們正面對的人，而是站在我們背後的人。背後的人之所以可怕，一方面是因為我們往往忽視背後的人，另一方面我們處在明處，他們在暗處，明槍易躲，暗箭難防。

有的人背後說人壞話，這些人可能有口無心，但話已出口，入人耳後便不是你有心無心的問題了。此時如果有人想利用你的一時口快，那你照樣成為那隻不知死之將至的螳螂。

當你處在人際關係複雜的環境裡，要學會置身於各種矛盾之外。介入私人恩怨的小圈圈中，對自己和工作都無好處。有的人專門愛跟著湊熱鬧，並添油加醋，挑撥是非，這時你的周圍都是人，很難防住背後的人對你暗中使壞。此時你好比是那隻螳螂，你還沒打敗你正面的敵人，早已經落入背後的陷阱中了。

明神宗朱翊鈞登基時，才剛滿十歲，朝廷大權分立，被大總管馮保、內閣首輔高拱、次輔張居正三人所控制。張居正為了能夠實現獨攬大權，除去最大的對手高拱，想出一條一石二鳥的計策。

首先，他與馮保拉近關係，兩人稱兄道弟。由於幾次朝堂議政，高拱和馮保意見不合，兩人都在暗地裡想推倒對方。現在馮保見張居正主動與自己親近，自然非常高興。

張居正說要助馮保除去高拱，把高拱在內閣說過的話告訴馮保，馮保再加油添醋上告，一時之間，高拱竟被說成有謀反之心，意圖擁立藩王。高拱因此被罷了官職，只能回鄉居住，還百口莫辯。馮保也把自己如何對高拱斬草除根的計畫告訴了張居正。

馮保為了進一步陷害高拱，派出一名心腹，趁著神宗清晨出宮時衝撞皇上。心腹被當場抓獲，還從他身上搜出刀劍，經過一番嚴刑拷打之後，刺客故意說出自己的幕後主人正是高拱。神宗聽說高拱竟敢派人刺殺自己，非常生氣，就要追究。

幸而吏部尚書楊博、御史葛守禮挺身力救，施壓要將這件事由刑部、都察院與東廠共同審理。張居正順勢同意了，高拱終於能得到公正的判案，馮保的計謀在審問中敗露，惹怒朝中大臣，為自己樹敵，張居正的勢力反而因此高漲，還寫信假意安慰高拱。

這樣一來，他借馮保之手除去了高拱，最後又幫助高拱翻供，把真正的幕後主使擺了出來，兩人不是因他失權，就是因此得罪朝中大臣，如此朝中就沒有人和張居正抗衡了，奪權大計不用弄髒自己的手就輕鬆實現。

馮保這隻「螳螂」雖然聰明，但是最終被張居正這隻背後的「黃雀」所害，在這樣的兩強較量中，也許面前的人並不最難對付，更需要小心的是背後的人。馮保由於沒有提防張居正這隻「黃雀」，最後給賠了夫人又折兵，給別人做了嫁衣。

所以，我們想要不被周圍的人所害，我們往往要把更多的精力放在背後，在背後長一雙眼睛，時刻防備背後的那隻「黃雀」。害人之心不可有，防人之心不可無，一個人只有時常看看背後，才可以把人生的道路走得更長遠，可以把身後的人看得更清楚、更透徹。

總之，即使你有一千個理由想成為能捕蟬的螳螂，也要先看看自己背後有沒有伺機而動的黃雀。因為黃雀雖小，也以足取螳螂的命。所以，我們要謹言慎行，小心背後中槍。

大人物不可怕，小人物才傷人

相信生活中很多人有過這樣的體驗：那些給我們致命傷的人，往往不是企業的高階管理者、公司的經理等這些大人物，而是部門的主管、工作的組長、主任等這些小人物，因為在工作、生活中，我們離這些人最近，面對面地打交道，甚至是朝夕相處。如果這些小人物不喜歡你，你肯定沒有出頭之日；如果你一不小心得罪了這些小人物，你肯定會沒有好果子吃。

在日常生活中，有些人常常把地位、能力、財富等遠不如己的人，看作小人物。一旦你這樣定義周圍的人，你就開始不把這些「小人物」放在眼裡，認為這些小人物不足為懼，掀不起什麼大浪來，即便得罪了他們，也不會對自己怎樣，其實不然。因為小人物一旦開始針對你，總會被他抓住你最脆弱的時機，讓他輕輕給你一擊，照樣讓你傷筋動骨，所謂陰溝裡翻大船，說的就是這個道理。

咸豐十一年，年僅三十一歲的咸豐帝駕崩於承德避暑山莊，肅順等顧命八大臣輔助皇太子載淳登基即位。然而，此事八大臣並未通知恭親王參與。恭親王知道後，並未聲張，而上呈了一道奏摺，請求去承德奔喪，借機來摸清離宮諸人態度。

肅順等人見奏摺，害怕恭親王前來與慈禧太后合謀對付他們，當下擬旨，說是京師重地需要有重臣留守，無需奔喪，另一面加強監視慈禧。慈禧因肅順挾持著小皇上，也無可奈何。

恭親王看到聖旨後，知道是肅順等人代擬的聖旨，一時也束手無策。就在這時，內務府總管把太監安德海押解來了，要見恭親王。恭親王一聽，安德海是慈禧太后的寵監，怎麼被押入京，其中必有古怪，所以親自在密室中祕密接見了安德海。

原來，恭親王當初上奏摺要求去離宮奔喪，被肅順等人假借聖意給阻止了，此事太監安德海知道後，並通知了慈禧太后。慈禧太后孤立無援，於是心生一計，要求御史董元醇奏請兩宮太后垂簾聽政。

董元醇遵照慈禧旨意寫了一道懿旨，交給了肅順等八大臣。

怡親王載垣看了後，氣憤至極，大罵：「簡直混蛋，我大清朝綱從來沒有垂簾聽政！」

肅順說：「這明明慈禧想奪權，應立刻駁回，免得她再生事端！」

怡親王當下同意，立即提筆回復慈禧說：「如再取莠言亂政，當即按大清律例嚴懲不貸。」慈禧接到回復後，非常氣憤，心中已經打定要除掉肅順這幫人。

慈禧心想：「恭親王是當今的皇叔，此時唯有密召恭親王前來幫助，否則別無辦法！」

安德海見慈禧愁眉苦臉，便說：「奴才心知老佛爺是為了密詔送不出而發愁。」

慈禧說：「正是為此，眼下形勢你我都清楚，萬一密詔沒有送出去，落人八大臣手中，就要招來殺身之禍。」

安德海說：「老佛爺，奴才倒是有個主意，願傳遞密詔。」

慈禧說：「小安子，你的孝心我心領了，可你是我身邊的侍監，他們肯定會注意你，你怎麼能出去呢？」

安德海說：「老佛爺，你真是聰明一世糊塗一時。他們的注意力現在都在老佛爺和小皇上身上，誰會想到我這個小人物呢，只要我們效仿當年周瑜打黃蓋，演一場苦肉計，便可以奏效。」

第二日，慈禧讓太監宮女重新為她布置寢宮，安德海當眾說：「先皇剛剛駕崩，太后如此，簡直是大逆不道之舉。」

慈禧大罵道：「你這狗奴才，竟敢在本宮面前說三道四，給我重打！」隨即把安德海打得當場吐血，並派送到京城，關進內務府大牢。

安德海苦苦求饒，慈禧哪裡肯聽，當即把手向外一揮，厲聲喝道：「帶走！」

安德海被打的消息很快傳遍了離宮，肅順等人知道後，都非常開心。

肅順說：「葉赫那拉氏被咱們控制起來，她肯定一肚子怨氣沒地方撒，這回撒到她的小安子身上了，活該他倒楣了，平時淨說我們的壞話。」八大臣酒後歡愉談論，誰都沒有想到之後會敗在這個小人物手上。

安德海被押入京城，內務府的趙主事是慈禧的人，安德海暗中相告趙主事，要求立刻見恭親王。於是，趙主事偷偷把安德海送到了恭親王府，當面把慈禧太后的密旨親手交給了恭親王。

恭親王知道計畫後，連夜派兵趕去了承德，一舉拿下了肅順等八大臣，為慈禧太后奪取了統治大清的權力，從此垂簾聽政，執掌天下。

肅順等人日防夜防，沒有想到最後被害死在了一個小人物小太監的手上。如果慈禧派出去的不是小太監，肅順等人怎會不在意呢？

一般情況下，與你地位相當的人即使想背後使你的壞，你也容易警覺，但小人物就不同了，你往往會在不經意間得罪了他，又在不知不覺中中了他的「暗器」。

有時候，「小人物」的力量是可怕的，他可以讓人沒有防備，忽略他的存在，這樣的傷害往往最為致命。因此在與周圍的小人物打交道的過程中，不要與忽視他們的存在，而是要重視他們，小心留意他們的一舉一動，要學會與「小人物」交朋友。

俗話說，不要因為他們毫不起眼，就對與小人物之間的關係疏忽以對，應記住：你平時花在「小人物」身上的精力、時間應超過大人物，否則在不遠的一天，也許就在明天，你將會栽在小人物的手裡。

小心薄情寡義的人

重情義的人信守諾言，而喜歡說空話不負責任的人，也往往無情無義，甚至把別人的情和義當作追求個人利益的籌碼。對於這樣的人千萬要小心，稍不留神，你被他賣了可能還替他數錢呢。

普通人之間的交往且要小心不受欺騙，兩國之間、兩個企業之間，對彼此的承諾更要仔細分析，要知道，他的好心永遠是留給自己的，他給你的承諾越是慷慨，誘惑越強烈，他越有可能食言，並恰恰是利用你的輕信成就自己的事。

戰國時期，魏、楚兩國都是秦國的鄰國，商鞅向秦孝公建議：魏國不久前剛被齊國打敗，大將軍龐涓已死，如果此時，舉兵伐魏。魏不能敵，就會遷都到河西，那麼，魏國的大片土地就被秦國所占有，帝王之業可成也！孝公於是派商鞅為大將軍，領兵伐魏。

商鞅率兵出發不久，消息就傳到魏國，守將向魏都告急。魏惠王派公子卬為大將，前來抵禦秦軍。

在此之前，商鞅先是到魏國求仕，商鞅就住在了公子卬家裡。在這期間，商鞅同公子卬建立了深厚的交情，公子卬也向惠王多次推薦商鞅，惠王仍然不肯重用。

商鞅率兵伐魏，名則是為了秦國開疆拓土，實則也是報復魏王當年冷落自己。他聽說前來抵禦自己的是公子卬，已經率領大軍進駐吳城，吳城是魏國一座門戶堅城，易守難攻，但是商鞅有了自己的主意。

商鞅給公子卬送了一封信，談起以前的交情，說他在魏國時受到了種種照顧，就如同親兄弟一般，未曾報答。如今，魏國派他來守西河，商鞅絕不敢骨肉相殘，情願締盟結約罷兵回去，並且約定在城外玉泉山布衣相會，一來商定盟約條款，二來十餘年未見，相敘昔日舊情。

公子卬看了商鞅的信，言真意切，深為感動。他知道商鞅是個稀世之才，在秦國得到了重用。現在兩方面各為其主，帶兵對陣，能夠和平解決爭端，不廝殺當然最好。於是，公子卬答應赴會，見見昔日好友，還送給商鞅很多禮物讓使者帶回，一如商鞅離開魏國時贈送盤纏用物那樣豐厚。商鞅也回贈了珍貴的白璧，藉以表明友誼像白玉一般無瑕。

兩人約定，三日後在玉泉山會面。

吳城守將提醒公子卬應提防商鞅，恐怕是一個陷阱，並請求自己帶兵接應。公子卬卻一口回絕：「你把我的朋友看成什麼人了？我們知己之交，人間難得，他怎麼可能欺騙我呢。」

公子卬毫不戒備，脫去戎裝，只帶著幾個隨從和一隊樂工到玉泉山赴會。此時，商鞅早已經備酒等候，故友重逢，憶起當年在一起的時光，都非常感慨，紛紛墜淚。

公子卬見商鞅一身布衣，隨從不帶兵刃，足見商鞅態度真誠，於是把還存有的一點戒心都拋掉，深為有這樣一位朋友而欣喜。

兩方很快擺下了酒宴，觥籌交錯，樂工起舞歌唱，場面一片祥和。酒酣耳熱之時，公子卬提出簽訂停戰協議，這時商鞅叫魁梧粗壯的捧盤侍役再一次敬酒，公子卬覺得商鞅太客氣了，不以為意，突然見到商鞅的神色一變，兩個捧盤的力士牢牢壓住公子卬，原來這兩個扮作捧盤侍役的都是秦國絕頂的力士，可以力舉千鈞，生擒虎豹，公子卬一下就被制服了，動彈不得。

公子卬這才猛然醒悟，向商鞅怒道：「你怎麼能夠欺騙我？」商鞅答道：「暫欺一次，尚容告罪。以前承蒙公子款待，難以為報，所以我準備請公子到我家做客，以報答昔日的恩情！」由於毫無防備，公子卬手下親隨、侍役等人全被拿住。這時，商鞅命軍士脫去公子卬等人的衣服，穿到秦兵身上，帶人趕往吳城。城上的人見公子卬車隊回來，以為和約締成，一時也沒在意，立即打開了城門。城門一開，秦兵一湧而上，逢人便殺，商鞅親率大軍緊跟其後，一舉搶占了吳城。

守城將士紛紛棄城逃遁，秦軍迅速掃蕩了西河全境，魏惠王在兩年中接連敗給了齊國和秦國，元氣大傷，不得已和商鞅訂了城下之盟，把河西之地全部割讓給秦國，呈上河西版圖，遷都大梁。

商鞅班師回國，被秦孝公封為列侯，封地十五邑。

公子卬沒有想到商鞅是如此薄情寡義之人，為求一戰之勝不惜以情義作誘餌，把諾言當釣勾，未能清醒辨認商鞅寡信棄義的本性，而加以防範，被其所害只能自認倒楣。

因此，我們要提防身邊那些薄情寡義的人。如果一個人因為相信了別人的諾言，結果卻被坑害了，其結果是非常慘痛的。所以，不管我們與身邊的人關係怎樣，都要去細心研究，即便是日常交往中一件簡單的事情，你相信了別人許下的諾言，心裡時常記掛著此事，而別人根本可能背信棄義，沒把這事放在心上，你要留一手準備。

所以，周圍的人說的話可信度有多高，並不在於關係的親密，而是看這個人的人品有幾分靠得住，尤其在一些事關前途、命運的大問題上，別人信諾與否直接關係到你的成敗時，更要小心為妙，至少要留下防他不履行諾言的一手，以備不測。

遠離過河拆橋的人

我們周圍可能有這樣一種人：他們有困難需要你幫助的時候，可能低聲下氣，當你給了他援助之手，把他從困境的泥濘中拖出來，他有可能為了自己的利益，而把你推下水。這種人是典型的過河拆橋之人。過河拆橋的人往往不懂得什麼叫感恩，別人幫助過他，他很快就會忘記，更可恨的是，別人對他的好處記不住也就算了，如果你稍微有一點讓他感覺不好，他就耿耿於懷，等他稍微有能力的時候，馬上六親不認，翻臉不認人。

他們喜歡把自己恩人的肩膀，當成往上攀爬的階梯。當你給予他幫助的時候，他不是想著當自己成功了會如何回報你，而是想著如何才能盡快地超越你。如果你對他還有用，他會繼續踩著你的肩膀，不斷地往上爬；如果你對他沒用了，他甚至連一聲對不起都不會說，毫不猶豫地一腳把你踹開。

如果我們周圍有這樣的人，應用心提防，一旦發現身邊的人有這樣的跡象，立刻停止幫助，否則等他得勢的時候，我們必然遭到他們迫害。

春秋時期，楚國的伯嚭被奸臣所害，遭到了滅族大罪，伯嚭幸運逃脫，顛沛流離，準備逃往吳國。吳國是楚國的敵對國，而且吳國大將與楚國有仇深似海，不共戴天。

伯嚭見到了伍子胥放聲大哭，一把鼻涕一把淚，訴說了一家慘遭滅門的悲慘遭遇，大罵楚國君王不辨是非，殺害忠良，希望伍子胥看在境遇相似的分上，向吳王舉薦，給一個安身立命之處。

伍子胥與楚平王有仇，雖然和伯嚭沒有什麼私交，但同病相憐，便向吳王引薦他。這時伍子胥的好友勸說道：「此人不可信啊，你看他鷹視虎步，一副貪婪奸佞模樣，切不可同他親近。今日若舉薦了他，日後一定會被他所害。」

伍子胥卻說：「我們都是同病相憐的人啊，相聚於此，應該順手幫一把，不要過分猜疑人家。」於是，將伯嚭引見給了吳王闔閭。在伍子胥的推舉下，吳王封他做了大夫，與伍子胥共佐朝政。

但是伍子胥做夢都不會想到他救起的卻是一條青蛇，三十年後，他自己也冤死在這條蛇的毒牙之下。

當時，伯嚭在吳國謹慎小心地應付著周圍的一切，許多方面他仰仗伍子胥，對伍子胥也很是恭敬，兩人同舟共濟、互相配合。

西元前五〇六年，吳王任孫武為大將，伍子胥與伯嚭為副將，率兵攻楚，一路皆勝，一舉拿下了楚國的都城——郢城，並滿載楚國所有金銀財寶而歸，又將楚國境內一萬多戶人家遷到吳國，以充實吳國空虛之地。

吳王論破楚之功，以孫武為首，可是孫武不喜歡做大官，決定退隱山林。闔閭讓伍子胥去挽留。孫武私下對伍子胥說：「您知道王道嗎？寒來暑往，春去秋來。大王處在強盛時期，必會起驕樂之心。如果不功成身退，必然會有後患。我不只是想保全自己，也希望您能保全自身。」可惜這番具有遠見的話，伍子胥並不以為然。孫武離開時，沿途將吳王所贈金銀全部散給貧苦的百姓。

孫武走後，吳王封伍子胥為相，封伯嚭為太宰，掌管王家內外事務。從那以後，伯嚭羽翼漸滿，漸漸地同伍子胥有了分庭抗禮之勢，心裡暗生獨攬吳國朝政的野心。

楚國滅亡之後，伍子胥對楚平王鞭屍三百，殺死了楚國的奸臣，伍子胥、伯嚭二人的大仇都已經報了。由於失去了共同的敵人，二人的衝突、矛盾也日益彰顯。而此時的吳王也正如孫武當初所說那樣，國富民強，必然會生驕樂之心。這樣一來，剛正不阿的的伍子胥與吳王之間的齟齬也多了起來，久而久之惹吳王生厭。而伯嚭卻能善體王意、投王所好，隨著日子過去，吳王反倒越加寵愛。為了個人的榮華富貴，把利益放在第一位，他不僅可以出賣國家利益，而且還會忘恩負義，加害恩人。

後來，由於伯嚭一再進讒言，吳王夫差終於殺了伍子胥，從此伯嚭清除了自己最大的對手，獨攬大權。

設身處地的想，我們雖然痛恨伯嚭的忘恩負義，但是我們也要反省自己，是伍子胥察人不明，給了身邊小人機會，結果被其所害。

過河拆橋的人，當他在面臨著滔滔江河，陷入困境的時候，往往會裝出可憐的樣子，花言巧言，當他們終於達到了自己的目的後，害人的嘴臉立刻暴露出來。這種人，自己借助橋與船過了河，過了河之後便拆橋毀船。

所以，我們要警惕身邊的這些小人。朋友固然是可貴的，朋友就是一艘船，就是一座橋。多一個朋友就多了一點希望、信心、勇氣、美好。但是我們要認清人，避免日後陷入孤立無援，逐步滅亡的境地。

不要得罪有能力的人

生活中，我們最害怕的往往是身邊那些有能力的人，如果得罪了這些人，一旦他想害你，你便無處藏身。因為他們能力超群，甚至可以隻手遮天，無論是在名利上、權勢上、錢財上，你都不是他的對手。如果你得罪了你周圍這些人，你將會惹上大麻煩。

我們周圍這些「有能力」的人大概分為兩類：一種是已在的能力，一種是潛在的能力。換句話說，前者已經掌握了一定的勢力，實實在在擺在了你的面前，比如單位的上司、高官或者有錢人，他們的權勢和金錢已經存在了，這種人不可得罪；後者則可能是你身邊的人，雖然暫時什麼都沒有，或者還跟你一樣的平庸，但是你不要瞧不起他，他的能力還沒展露出來，他是塊金子，但是發光的日子還沒到，等他發光的時候，他就是你面前另一個有勢力的人，這種人也不能得罪，因為有朝一日，他會在你面前強勢起來。

可見，對於一個才能平庸的人而言，他的心胸即使再狹窄，與你發生衝突也不會產生太大危害，有才能的人則不然，一方面他的才能會讓他說話更有分量，另一方面也是至關重要的，有才能的人一旦遇到機會便會脫穎而出甚至青雲直上，說不定昨天還在互相指責，今天就成了你的直屬上司。如果你周圍存在這樣的人，那是最可怕的，得罪他們無疑是在身邊埋下了一顆不定時炸彈。一旦這顆炸彈哪天爆炸了，報復你起來，你就只能毫無招架的被其所害了。

西漢時期的主父偃沒有成名前，窮困潦倒，沒有人願意幫助他、借錢給他，還經常遭人羞辱。他遊歷了燕、齊、趙等國，可是沒有一位國君能夠認識他的才幹，都沒有留用他，給他一官半職。自身的困頓，加上世態的炎涼，使他對世間的一切充滿了仇恨，發誓一定要出人頭地，將來站在那些輕視、羞辱他的人之上。

於是，他萬般無奈地來到京城長安，並直接向漢武帝上書。漢武帝雄才大略，在看到主父偃的上書後，馬上明白他是一個有才能的人，十分賞識，立即召見了他，並授他以官職，更在一年之內連連升官，一口氣就升了四級。

當了大官，有了權勢以後，主父偃便迫不及待地制定了一個計畫，展開他的報復行動。以往那些得罪過他，或者在他求助時袖手旁觀，甚至曾經羞辱他的人都被製造了一系列罪名，送進了監獄。哪怕只是從前待他冷漠的人，他也不肯放過，極力報復。

對於當初不收留他的燕、齊、趙等藩國，他絕不肯輕饒，處心積慮地致他們於死地。

燕王劉定國是漢武帝的族兄，本身就是無惡不作之人，不僅霸占父親的小老婆，而且還霸占自己的弟媳婦，可謂是臭名昭著。燕王的醜行東窗事發後，漢武帝下旨要嚴辦此案，主父偃正為報復燕王發愁，於是他看到機會來了，便主動上書請求，查辦此案。他借此機會，正好可以假公濟私，一面陳訴案情，一面還在其中不添油加醋，添加了一些罪行給燕王。漢武帝聽後龍顏大怒，立即下旨將燕王處以極刑。

漢武帝侄子劉次昌是齊國國王。主父偃曾想和齊王聯姻，主動想把女兒嫁給他，但是齊王卻沒有答應。加上當年齊王的冷遇，主父偃懷恨在心，便對武帝說：「齊國物阜民豐，人口眾多，財力豐厚，如此重要之地，陛下應該親自掌握，避免日後生禍端。」

主父偃的進諫似乎提醒了漢武帝，漢武帝便封他為齊國國相，也就是齊國的實際執政者，要他監視齊王的舉動。很快，主父偃就故意捏造罪名，肆意陷害，並對齊王濫用私刑，嚴刑逼供，最後齊王被逼迫在家中自殺了。

後來，主父偃最終被趙王扳倒，因為受賄之罪被收監下獄。在獄中，振振有詞說：「我本有才之人，卻為求官奔波四十餘年。在我窮困時連父母、兄弟、朋友都不肯認我，燕、齊、趙等王都不收留我，讓我受盡了屈辱，而今我飛上了鳳凰枝頭，大權在手，又怎能不報復那些曾經看不起我的人啊！」

可見，我們要時刻提醒自己，不要得罪身邊那些有能力的人，即便他現在還是一個不值一提的平庸之人，只要他確實有才能，那就萬萬不能小覷於他，更不能欺負或者羞辱他。

也許在他未飛黃騰達之前。你的行為冒犯之處並沒有什麼可擔心的，可是如果有一天他成功了，站在了你的頭上，那麼你就危險了。他會把你當初怎麼對他的，加倍償還於你。

所以，我們想要不被周圍這些人所害，就不要輕易得罪身邊任何一個人。風水輪流轉，三十年河東，三十年河西，說不定哪一天他比你成功、比你出色。那麼，這個時候他必定不會容忍你的存在。因此，防範這樣的人只有一招好用：保持距離。

別和愛八卦的人來往

在你的周圍，如果有人總是喜歡有事沒事地在那裡「八卦」，東家長西家短，喜歡四處傳言。不管有沒有根據，是不是事實，他們總是喜歡捕風捉影，把道聽途說的事情添油加醋，說得活靈活現，就像是古時候的說書先生一樣，能讓很多人聽後信以為真。

這種人好像有說不完的祕密和小道消息，走到哪裡都要跟人耳語一番，正因如此，他走到哪裡，哪裡就會產生矛盾、出現爭執。如果你有什麼把柄被他抓住了，他會讓你流言四起，甚至是身敗名裂，這種行為著實可氣，也不能不防。

如果你的身邊多了這些愛說閒話的人，那麼你的生活將會永無寧靜，他們總是會到處八卦，傳播一些無聊的、特別是涉及你的隱私和謊言，在你的背後品頭論足。他們傳播傷害你的流言，有時是出於嫉妒、惡意，有時是為了故意揭露你的祕密，來抬高自己的身分，乃至毀掉了你的名譽。

比如在你的工作中，上司和同事如果經常聽人家說你的長短，也許一次兩次沒放在心上，但是久而久之，就有可能輕易相信他說的話了，哪怕空口無憑，也會毀了你的前程。尤其是你的競爭對手，如果他們不和你從工作或業績上正面交鋒，而是運用各種謾罵、造謠，使你為流言所傷，這樣的暗箭傷人會讓你痛不欲生。

江充，趙人，有個妹妹能歌善舞，嫁給趙王劉彭祖的兒子劉丹。可是，趙太子劉丹與江充不和，有次懷疑他向趙王打小報告，命人追捕，追捕不到便將其父兄捉捕起來處死。江充一個人跑到京城，偷偷上書漢武帝，說劉丹與其姐姦亂、與郡國豪強結友，並且經常做一些敲詐勒索商賈百姓的事情。漢武帝看到江充上書後，得知趙太子劉丹這些為非作歹的事情，立即下旨逮捕了趙太子劉丹，並且下了大獄。

後來，趙王劉彭祖為太子上書訴冤，並表示願率軍擊匈奴以贖太子之罪，但是這時江充又對漢武帝說：趙王劉彭祖也不是個好東西，當初他在趙國的時候看到趙王專門用陰險手段整治漢廷派去趙國的大臣，漢武帝於是把趙王也扣了起來。

漢武帝逐漸開始信任江充，並派他出使匈奴。歸國後，拜為直指繡衣使者，督三輔盜賊，監督王公大臣的生活情況。在這個時期，江充看到一些王公貴族驕奢淫逸的生活過度了，就罰了這批人千萬錢財，呈現給了漢武帝，使得漢武帝非常高興。

江充受到漢武帝的恩寵，於是經常說一些王公大臣的壞話，不把任何人放在眼裡。有一次，他看到館陶長公主車馬在馳道行走，他便將長公主隨行人員車馬全部沒收。館陶長公主非常生氣，便以有太后詔為由與江充大吵了一架。事後。江充便在漢武帝面前說壞話，說館陶長公主目無法紀，實在對皇上大不敬。從此，漢武帝不再喜歡館陶長公主。

有一次，漢武帝在甘泉宮生了一場重病，遲遲不見好轉。於是，江充便奏上漢武帝說，是北方有人用巫蠱的方法，詛咒了皇上。漢武帝是相當迷信的，所以江充一說，漢武帝就相信了，馬上派江充為專門治巫蠱的使者。

原來，他所說的北方是他的老家，他年輕時家貧，經常受到同鄉人的欺負。由於他喜歡說三道四，最後被同鄉人趕出了家鄉。於是，江充找來胡巫檀何去他的家鄉，到處掘開地面尋找埋在土中的木人偶，一夜之間，把全鄉的百姓全部都抓了起來。江充在漢武帝面前散布謠言，說胡巫能看到鬼。漢武帝便下令，將看到的鬼在地面上做個記號。然後，江充把土地被做上記號的人全部關進大牢，燒紅鐵鉗後灼燙這些人，讓他們招供巫蠱之事。在酷刑之下，百姓們紛紛熬不住了，就胡亂招供。漢武帝看到了這些供狀，信以為真，於是命令治獄吏以大逆無道之罪，把這些百姓全部殺了，前後殺了幾萬無辜的百姓。

無論是趙王父子，還是館陶長公主，以及曾經和江充生活的鄉里人，都遭到了江充的流言誹謗，在他們背後打小報告，江充周圍的人吃盡了苦頭，甚至丟掉了性命。

這些人打小報告時總是在暗地裡偷偷摸摸，因為當他們暗中行事時，沒有人與他們對質，他們可以毫無顧忌地憑著三寸不爛之舌隨便亂說。

現代社會中，我們需要打交道的人太多，人與事越來越錯綜複雜，微妙神祕，想要完全脫身，不被別人說長道短，置身於一切流言之外是不可能的。

如果我們要不被這些人所害，我們需要做一個智者，因為流言止於智者，更何況嘴巴是長在別人的臉上，防人於口甚於防川，耳朵、手腳卻是長在自己身上，少聽讒言、多做實事，讓他們孤掌難鳴。以行動成果來對抗他們的中傷才是最有效的武器。

第四卷　百年修得同船渡——回到最初的美好

有人說，愛情是人人嚮往的天堂；也有人說，愛情是萬劫不復的地獄。好的愛人可以讓你幸福一生，錯誤的戀人會讓你痛不欲生。因此，愛情是一把雙刃劍，只有緊緊握住劍柄的那端，才會不被任何一邊所傷害。

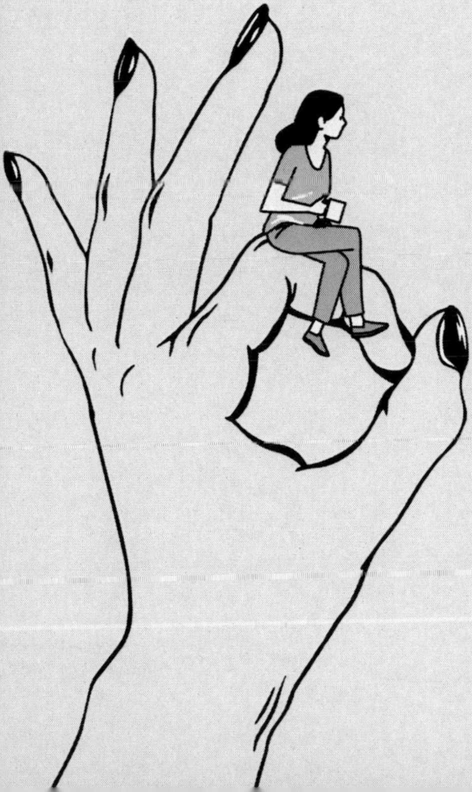

不拿「前任」做標準

我們都知道，在戀愛中，有的人一次戀愛就成功了，他們相親相愛，最後步入了婚姻的殿堂；有的人可能需要戀愛很多次，卻遲遲沒有遇到對的那個人，仍在尋找真愛的路途上苦苦爬行。

很多人上一次戀愛失敗，在投入下一段新感情的時候，會對上一任戀戀不忘，往往有意識或無意識地用前任作為標準來衡量這一任伴侶。比如，我們會記住上一次的失敗，期待在這次感情中避開同樣問題，假設我們與前任性格不合，因此分手，分手後我們便告訴自己，再也不會找一個與對方相同個性的人了。同樣地，當我們有很愛的人，卻因為某些原因不得不分開時，我們心裡總是對那個人念念不忘，希望自己下一任戀人也與前一任一樣令自己滿意。

於是我們在潛意識裡把以前的情人當成現在的參考標準，卻不能保證因此收到好結果，有時甚至反而弄巧成拙，適得其反，我們常常因為無法忘記前一任，結果反而害了自己、害了這一段感情。

一次戀愛失敗，就像是吃下了一個酸葡萄。當你重新尋找自己另一半的時候，每個人都期望這次會是甜葡萄。我們不想再次失敗，便把前任的缺點、問題和兩人不合之處都歸納整合，甚至進一步把其他愛好加進衡量下一段感情的標準，再次尋找戀人時，就不會接納和前任戀人相類似的人。

這種做法看起來很合情理，但是要知道，每個人都是不同的，因此，一段新的感情也必然不會與上一段相同，如果你從新的戀人身上尋找前任的影子，或者想消滅那前任的影子，反而會給自己帶來傷害，而且還會因此留下嚴重的心理陰影，極有可能導致新的感情再次失敗。如此，前任在分手時已經傷害過你一次了，你還因為前任自找二次傷害。

小馨是一個在城市長大的女孩，不僅人長得漂亮，而且穿得還很時尚。大學畢業以後，找到不錯的外商工作，是一位年輕貌美的都市白領。按理說，這樣一個才貌雙全的女孩，應該在事業和愛情上都呼風喚雨，可是，小馨痴痴尋找，卻遲遲沒找到自己的如意郎君。

小馨的初戀是六年前，男友阿強是她的大學同學，陽光帥氣。他們在一起可謂是郎才女貌的一對，阿強卻是個大男子主義者，做任何事總喜歡獨斷專行，從來不會和自己的女朋友商議，更不顧考慮小馨的想法。而且，最讓小馨受不了的是，阿強還有一個壞習慣，常常和同學或朋友喝得酩酊大醉，然後還打電話找小馨接他回去。有一次，小馨來晚了，他竟然當著所有朋友的面責罵小馨，一點也不尊重她。

這件事讓小馨很傷心，儘管她很愛阿強，但是和他在一起太痛苦了。於是，就和阿強分手。

出社會，小馨遇到了失戀後的第一個追求者凱文，凱文是公司銷售部主管，外貌俊朗，而且在公司的口碑也很不錯。小馨如果能和他走到一起，也會是很不錯的一對。面對凱文的真情表白後，小馨答應開始交往一段時間。在這段時間，他們相處得很不錯，性格也很合得來，就在小馨決定要正式確定戀愛關係的時候，一通電話徹底結束了這段感情。

一次，凱文和幾個其他部門的同事在外面應酬，為了能簽下公司的訂單，凱文需要陪著客戶喝酒。本來就不勝酒力的凱文一下就喝醉了。宴散的時候，同事們各自散開。凱文實在醉得太厲害了，於是打電話給小馨，希望她能開車接自己回去。

然而，凱文等了很久，都沒見小馨前來。於是，再打電話，電話已經關機了。第二天，小馨告訴凱文，兩個人就此結束了。凱文問她原因，小馨告訴他：「我不能接受經常喝酒的人，更不想找一個酒鬼男友。」

其實，凱文並沒有經常喝酒，這次只是意外。可是在小馨的心裡，她已經受到前男友的影響。和前任分手後，她對自己將來男友的要求是：一定不能有喝酒的壞習慣，因為前男友酗酒，為她帶來了太多的傷痛，導致了她判了凱文「死刑」。

在這以後，小馨又拒絕了好幾個追求者，不是對方外在條件不夠好，就是發現對方與前男友有一樣的壞習慣。

這樣一來，時間久了，沒有人願意再向小馨介紹男朋友。即便公司裡有喜歡她的人，誰也不敢輕易去追求，因為身為男人，多多少少都有需要小酌幾杯的場合。

小馨從那以後一直單身，看到身邊的朋友和同事陸續結婚，小馨形單影隻，感到很痛苦，可是她卻不知道是第一任男友留下的壞印象，一直在影響她以後的擇偶呢。

由此可見，如果你拿前任做標準，往往不但不會得到幫助，反而會在這樣的刻舟求劍中失敗，讓已經「離任」的他再次害了你。因為當你拿前任做標準，在重新挑選對象的時候，總會先入為主：我一定不要找一個這樣的人，或者我一定要找這樣的人。

但是，每個人的性格和優缺點都是不一樣的，世界上不可能有兩片完全相同的樹葉。故事中的小馨就是因為一直無法徹底忘掉前任，所以在愛情的路上一再失敗。如果她懂得愛情其實是一個改變別人、也改變自己的過程，那一定會在彼此進步中得到真愛。

因此，對曾經的感情失敗，既不要在後來的愛情中逃避，也不要一味追求曾經的那分美好。無論你曾經失去的是美好還是無奈，都要果斷拋棄過去戀人的陰影，只有這樣，才不會影響到你今後的幸福選擇，才能不讓你的前任害了你一生的幸福。

盡量不和「唐僧」結婚

多數的人與人交往、選擇一起成家，都不是為了讓家裡有一尊「唐三藏」，整天嘮嘮叨叨、隨時念經。是人都不喜歡別人對自己太嘮叨。美國的一項婚姻調查顯示：結婚對象如果太嘮叨，離婚率會高出其他家庭五倍。家有一尊整天愛嘮叨的唐三藏，很有可能會讓你的家庭關係早早亮起紅燈。想要自己的幸福不毀於這些「唐三藏」之手，婚前盡量放亮眼睛，不要選擇和這類人結婚，尤其若你是一個耐心不是很好的人，就更要當心了。

也許你認為這並沒有太大的關係，認為你們那麼相愛，這些都不是問題。可是，在婚姻中，即便是婚前最相愛的兩個人，結婚後在一起的時間長了，彼此的短處就會開始暴露，對方於是試圖改變你的不足，而改變你的主要手段，就是整天在你耳邊不停地嘮叨，不時提醒你完成必須做的事情：做家務、吃藥、修理這個、收拾那個、這個不該做、那筆錢不該花……

這樣的嘮叨很讓人心煩，更糟的是嘮叨中或許還夾雜幾分鄙視和責備。感情破裂常常就由這些嘮嘮叨叨開始，接著誘發出更多感情危機。

從前西方有一個國王。當時他瘋狂地愛上了一個年輕迷人的女人，她氣質高雅，深深地征服了這位國王。國王讚嘆她是全世界最美的女人，並在一次演說中宣布：「即便

盡量不和「唐僧」結婚

所有的人都反對，我都不會改變這個決定，因為我深深地愛上了這位優雅的女士，決定與她結婚。」於是，他不顧皇室成員的反對，執意和這名女子結了婚。

按理說，在他們的婚姻中什麼也不缺，自由、權力、財富、聲望、美麗、愛情……全都有，可以說是一個十全十美的愛情結合。但是，這段世人羨慕的婚姻好比一朵美麗的花，很快地就枯黃凋謝，最終發現先前的美好只不過是曇花一現。

正式迎娶王后以後，國王卻發現她的個性與婚前大相徑庭，不再是過去那個溫柔可人的女人了，在面對自己時她總是一天到晚嘮叨個不停。

婚後的生活並不像國王想像中的那麼甜蜜，王后埋怨自己的丈夫這樣不好，那樣不是。每次她又哭又鬧，還會說些威嚇性的話，甚至還衝進國王的書房，大發雷霆，不顧一切地數落他。有時，就算國王在忙於政事的時候，她也會對其喋喋不休。

漸漸地，王后在國王眼裡不再是一個高貴的女人，她的嘮叨讓國王厭煩透了，常說：「我娶了個嘮叨皇后。實在無法忍受她吹毛求疵的抱怨和無休無止的騷擾了。從我早晨睜開眼，一直到晚上睡覺前，她總是在面前，就像一隻趕不走的蒼蠅，不停地嘮叨。」甚至常常藉故外出，不肯回宮。

國王有能力讓他的王后變成王國最高貴的女人，但無法用愛情的力量來改變她嘮叨、挑剔的個性，這讓國王非常痛苦。後來，國王終於不堪其擾，廢除了王后的位置，但是這段婚姻卻為他帶來了巨大的傷害。

王后貴為第一夫人，也的確是全歐洲最美麗的女人，但在她的咄咄逼人中，再多的優點都不能維持愛情。在破壞愛情的所有惡習中，最厲害的還是嘮叨了，即使是出於求好心切、希望對方精益求精，但是沒有人喜歡被反覆叮嚀，何況有時已經是責罵，嘮叨的人常常就這樣顛覆了自己的幸福。

在現實中，嘮叨會讓家庭生活不再和睦，讓另一半頭疼不已，久而久之，既然難以得到感情的滋潤，有的人可能就此決心分別，有的人甚至向外尋求慰藉。愛嘮叨不但會抵銷自己的所有優點，要是因此出現感情裂痕，豈不是也因此失去對自己的信心。

有個愛嘮叨的家人，你應該也有這樣的體驗：

「我才剛拖完地，你又把地板弄髒了！」

「說過多少次，鞋子不要亂丟……」

「還買啊？買那麼多長得一樣的東西，整天只會買買買，花那麼多錢。」

「擺什麼臉色，唸一下你就受不了，我每天那麼辛苦……」

他們總是在你的耳邊，不厭其煩重複同一件事情，有時甚至一件事重複數十、數百遍；如果你犯了同樣的錯誤，就得忍受接連不停的埋怨、指責。

這樣的嘮叨會使夫妻感情破裂、把累積的愛都消耗殆盡，並且逐漸疊加憎惡感。嘮叨的人得面臨失去本對自己深愛的伴侶、葬送自己幸福的可能。而他的另一半也因為找了一個愛嘮叨的對象，最終無法忍受，不得不結束這段感情，一個嘮叨害了兩個人的幸福。

白賊七不是好歸宿

有人說：「人一旦開始對另一個人撒謊，這段關係就不再是純然的愛。」因為愛情是建立在彼此信任的基礎上，婚姻是建立在彼此忠誠的基礎上。如果有人總是滿口花言巧語，讓你整天生活在雲海迷霧之中，你甚至完全沒辦法弄清他哪一句是真話、哪一句是假話。

也許你有天突然發現，深深愛著的人原來是滿嘴謊言的騙子，和你同床共枕的人竟然是欺騙你最多的人。在你得知真相的時候，免不了經歷非常巨大的打擊，畢竟這些謊言甚至可能直接動搖愛情和婚姻的基礎。

某些人可能以為，謊言令每個人都能在人際交往中無往不利，雖然其他人口口聲聲地說願意聽實話，不想讓人欺騙自己，但是當他們聽到旁人天花亂墜的誇獎時，還是會高興地說一句：「亂講！」然後心裡暗自開花。

但是，生活中不能總是充滿著謊言，恐怕每個人都不希望自己在謊言中度過一生。也許你認為對一些小事情撒謊可以原諒，但千萬不要這麼想，當一個人對你撒謊一次後，就會得寸進尺，對你撒謊第二次、第三次，甚至更多更多。今天在小事上撒謊，明天就會在大事上撒謊。

在關係中說謊無非是以下兩個原因：一個是因為愛這個人，不希望對方發現自己的祕密；二是不愛這個人，但現狀較為有利，所以想隱瞞真相，謊言是個權宜之計。不管是何種原因，對於承受謊言的人來說都是一種傷害。想要不受到謊言的傷害，就要及時戳穿謊言。

雅雅結婚已經五年了，在五年的婚姻時間裡，她和丈夫雖然也有過爭吵，但是她對自己的先生卻從沒懷疑過，可是有一次，丈夫的一個謊言讓她改變了對丈夫的看法。

那天丈夫很晚才回來，喝得有點醉意，雅雅幫丈夫脫著外套，無意發現在丈夫的襯衫領口上有一個模糊的口紅印子。

雅雅聞了聞，確定是女人留下的，就隨口問一句：「這是哪個女人的啊？」

丈夫解釋說：「晚上和公司的幾個同事在外面喝酒，只是後來大家都喝多了，其中一個同事喝到已經不省人事，我們只好打電話叫他老婆來接，在我幫他老婆扶他出門下階梯的時候，他老婆不小心沒站穩，撞到我身上，留下了一處口紅。」

雅雅不是一個心胸狹窄的人，她不願無端懷疑丈夫、憑此就認為丈夫在外面有了女人。這種事沒有親眼看到，決不能捕風捉影亂猜，冷靜的雅雅清醒地意識到這一點。於是，這件事情就這麼過去了。

這天，雅雅在丈夫的公事包裡，發現一個包裝精緻的小禮品，於是就問她丈夫裡面是什麼，丈夫解釋說：「部門裡有一個同事生日要到了，平常和他還算要好，送他一支筆聊表心意。」

「朋友是男的還是女的啊，包裝得這麼精緻？」雅雅隨口問了一句。

突然，她看到丈夫一下子臉紅了，支支吾吾半天，但是她沒深究下去，心想可能真的是送給部門某個同事，丈夫不好意思明說，也就沒放在心上。

漸漸地，雅雅發現以前丈夫每天下班回來，總愛和她搶著看電視，現在他總是在上網聊天，常常都聊到很晚才上床休息。一問，丈夫就說這段時間業務忙，在談工作上的事情。

還有一次，丈夫正在浴室裡洗澡，突然外面的手機響了。丈夫竟然連衣服都沒穿，一溜煙從裡面跑出來，急著接電話。

「誰啊，幹嘛急成這樣，我替你接不就行了嗎？」雅雅說。

「老闆打來的，你接不方便。」丈夫說。

雅雅後來發現，丈夫總是在講完電話後，馬上清掉通話紀錄。

憑女人的直覺，雅雅覺得丈夫可能在對自己撒謊，卻仍然一廂情願傻傻相信他，以為這麼逃避就還有轉機。

後來有一天，她路過一家購物中心，突然看到自己的丈夫正挽著一個穿著時髦的女人一起走，兩人有說有笑地逛街。她強忍淚水，拿出手機打給丈夫，問現在忙嗎，在做什麼？丈夫回答：他正在公司開會呢。

瞬間，雅雅彷彿眼睜睜看著世界坍塌。丈夫回家後雅雅一再逼問，丈夫知道紙最終還是包不住火，坦白了一切，原來在雅雅還沒和丈夫結婚時，那個女人就已經和丈夫有了曖昧的關係。

儘管丈夫一再表示自己會改邪歸正、斷絕和那個女人的來往，但是雅雅還是選擇了離婚。眼前這個欺騙自己五年的男人讓她感到絕望，雅雅不願再和這個人繼續生活下去。

一個人就算再怎麼優秀，如果喜歡說謊，那麼就不會是一個好歸宿。這樣的人為未來的婚姻帶來極大的風險。有些人為了達到自己的目的，不會顧及別人，寧願用謊言欺騙、傷害，哪怕是面對深愛自己的人也一樣。

當你察覺謊言的端倪時，請冷靜下來分析，究竟這個人對自己撒謊是懷著什麼目的呢？如果這個謊言是為了滿足他心中不軌的欲望，那麼你就要學會保護自己，一個已經滿嘴謊言的人，還有什麼是真的呢？

想要不被身邊最親密的人欺騙，就盡量不要選擇和滿嘴花言巧語的人交往、結婚。說不定這個人已經說謊成性，嘴上不只有禮貌性的社交謊言而已，到時候遭他的謊言欺騙，受傷的還是你自己。因此，聰明人可別找一個騙子作自己的歸宿，這是避免受害最明智的一種選擇。

死要面子愛不起

不知道你有沒有聽過一句諺語：人情世事陪夠夠，無鼎閣無灶。這是在說，如果一個人太愛面子，不能在交際應酬時有所節制，有天會連廚房裡的鍋爐也得賠出去，連飯都吃不起。

一個愛面子的人，免不了不自量力的付出，同時又深怕自己的不自量力被揭穿。這些人愛慕虛榮的打腫臉充胖子，不過是虛偽的自尊心在作祟。有時候為了一點顏面，甚至為了死要面子，甘願活受罪。越是這樣的人，你越不能拆他的臺，如果你傷了他的面子，他會恨你一輩子。

作為聰明人應該要懂，面子問題是這些人的禁區。要是在面子問題上處理不當，往往會惹得他們惱羞成怒。偏偏不管是交往中的情侶，還是已經決定相守的家人，另一半又常是最了解對方「裡子」狀況的人。若因此想出手阻止，對方覺得面子被傷害；若是不阻止，傷害的可能還是你們組成家庭的根基，兩個人關係因此緊張，嚴重的還會鬧到分崩離析的地步。

如果你還處在選擇交往對象的階段，最好的辦法，就是盡量不要選擇太愛面子的人。太愛面子，說不定有天帶給你難以想像的嚴重後果。死要面子的人，我們實在愛不起！

安琪的個性十分大剌剌，說話經常脫口而出，而他的老公冠廷則相當愛面子。婚後，安琪經常不經意間拆了老公冠廷的臺，讓老公在朋友面前顏面盡失，甚至日後抬不起頭來。

新婚不久，冠廷的老同學邀請這對新婚夫妻去家中做客，一起去的還有幾個以前的同學。酒足飯飽之際，大家都放下手中的碗筷，在一起閒聊。

其中一個人現今在銀行工作，他開口說：「來來，各位同學，我現在要推薦一支我們銀行最有潛力的基金，家裡有閒錢的話不要存著賺利息囉，到我那裡買基金！學會理財，早日財富自由，我還可以幫你們辦 VIP 優惠。」

冠廷問：「要買多少才能買到成為你們的 VIP 呀？」

「基金五百萬，一整年的 VIP。冠廷，新婚燕爾，投資一點以後養小孩可以用。」同學說。

「沒問題啊，你有空把你推薦那支基金的資料送過來。我隨便買一點，享受一下你的VIP服務。」冠廷爽快地答道。

這時，有其他同學起鬨說：「冠廷，你發財啦？我們見者有份喔。」

正當冠廷被同學們說得心花怒放，這時坐在一旁的安琪卻開始潑冷水：「你們不要再捧他了好嗎，我們兩個人的薪水三年加起來都不夠。上次買股票的錢還是我跟爸借的，現在還套在裡面一直出不來呢。哪有錢買你的VIP！」

安琪說完，同學們面面相覷，有的還偷偷竊笑。在眾目睽睽之下，這讓冠廷感到無地自容，臉色一陣鐵青，就像被人狠狠地抽了幾個大耳光。

「安琪還是這麼幽默。」有一個同學馬上打了圓場。

一場同學聚會，最後鬧得不歡而散。回家後，冠廷說：「你幹嘛什麼都在別人面前說，嘴上說一說又不用真的買，幹嘛揭穿我？」接下來，新婚夫妻越說越僵，大吵一架。

之後，有天冠廷邀請幾個朋友來家裡小聚。飯後大家一起聊天，說起當今經濟形勢和各自的事業發展。冠廷說：「幾年前，我打算進軍房地產，可是你們嫂子說風險太大，死活不肯。要是聽我的，我們早就是有錢人了。」

這時，安琪這時從廚房出來，不屑地說：「還進軍房地產咧，當年一點錢都沒有，飯都快吃不起，哪有錢進軍房地產。這麼多年了，我聽你講多少遍，也沒看到你發財！

只買了一間房，欠一屁股房貸，到現在還沒還清，一天到晚只會說。有時間還不如多兼差，賺點錢早點把貸款還清！」

冠廷一聽，臉色馬上紅了，大發雷霆說：「沒事就去拖地，男人說話你不插嘴會死嗎！」

安琪聽到冠廷罵自己，也十分生氣：「你才有病，每次不說那些有的沒有的會死啊！」

夫妻倆越吵越凶，朋友只得紛紛散去。

最後，冠廷只撂下了一句話：「我真是受夠你了，我們離婚吧。」

安琪氣得大哭，怒道：「離婚就離婚，誰怕誰啊？跟你耗下去以後也不會比較幸福。」

從這以後，兩人經常三天一小吵、五天一大吵，最後真的離婚了。

安琪直接拆老公的臺固然不給人面子，刺傷了他的自尊心，但是歸根究柢，還是要怪她的老公太愛面子，最後才落得三天一小吵、五天一大吵，兩人互相受不了對方。

可見，死愛面子的人實在愛不起，若要不被這些死愛面子的人害了自己後半生幸福，應該奉行這條原則：婚前盡量不要選愛面子的人。

若不幸沒長眼選中，至少婚後在外人面前為他留足面子，要責罵，私下處理就好。

太念舊情毀了你

這個人，可能是你第無數個交往的人；這個人，可能是你的再婚對象。沒關係，只要對方把你當成他的最後一任，你就有機會得到對方真心的愛。但是有過舊情的人，交往時最大的忌諱就是戀舊。比如，在再婚的家庭中，為了孩子與前夫、前妻交往不斷，和過去的伴侶心無芥蒂談笑，沿襲過去與別人生活時培養出的習慣……這些行為常常會為兩人的愛情蒙上陰影。在新對象的心裡，你的前任無疑是你們之間威脅性最高的「第三者」，以各種方式瓜分你的注意力，多了就讓人忍不住懷疑你的真心。

智鈞在離婚後的第三年和小潔結婚了，雙方在上一段婚姻時各有一個孩子，小潔的孩子六歲，撫養權歸給前夫。再婚之後，兩人都很珍惜這段得來不易的緣分，小潔對智鈞的孩子視如己出，新生活十分甜蜜，但是不久之後，家中紛爭就初現端倪。

小潔的前夫一直沒有再婚，一個人當單親爸爸。時間久了，工作忙碌，前夫不時會有難以兼顧小孩與職場的時候，便請小潔代為照顧。擔心自己的孩子沒人照顧，小潔也每每答應幫忙。

不只如此，每每在孩子生日、兒童節等時候，前夫總會要求小潔一起陪孩子，要彌補小孩失去的母愛，前夫還三不五時打電話給小潔，不是請小潔照顧孩子，就是對小潔報告孩子的近況。

每當看到小潔和前夫一同外出，或他們在電話中聊天的時候，智鈞的心總會有酸酸的感覺。智鈞心中對小潔還有很多不滿。再婚後，小潔以前的生活習慣幾乎都還保留著，有些習慣不影響他們夫妻的感情，但有些習慣讓智鈞覺得，自己彷彿是妻子前夫的替代品。小潔會以前夫為標準來要求智鈞，前夫有的好習慣智鈞要是沒有，她就要求智鈞做到。有次小潔的父母來，智鈞想秀一手好廚藝給岳父母看看，妻子竟說她的父母最喜歡吃前夫做的糖醋魚，希望智鈞能做一樣的菜。最讓智鈞受不了的是，妻子的前夫還指責智鈞照顧孩子的方式，說供餐營養不均衡、對孩子說的話不像樣、家庭布置孩子不喜歡等等，老是對智鈞指手畫腳。

有一次，小潔的孩子生病了，不巧的是，智鈞的孩子也得了感冒。前夫請小潔去照顧小孩，看著準備出門的小潔，智鈞再也忍受不了：「你有沒有想過我才是你先生，我們這個家庭才是你現在的家庭？那個男人一找，你就過去，我們的小孩也需要你啊！」

就這樣，兩個人再次走向離婚收場，小潔還一頭霧水，為什麼自己明明很用心經營婚姻，到頭來還是失敗了呢？

在這個故事中，小潔忽視了智鈞的感受，過於注重自己與孩子之間的感情。再婚後，在新舊兩個家庭之間擔任的角色往往有其矛盾之處，如果不能恰當處理好這樣的矛盾，就會引發新的婚姻危機。

首先，小潔該做的是考慮自己的現況，孩子的成長固然重要，但滿心希望孩子可以不受離婚的影響，卻無視現在的家庭，將過去看得比現在重要，這是對新家庭的傷害。此外，小潔為了孩子而過度接觸前夫，兩人畢竟曾有舊情，在新人眼中就有界限不清、關係不明的問題。這不僅會影響與新丈夫建立的感情，更會無意識摧毀新的婚姻生活。

對於小潔這樣踏入新生活的人來說，其實也並非就要徹底拋棄過去、把孩子忘記，重要的是以現在的家庭優先，她可以建立親生孩子與現在家庭的連結，而不是一個人過著兩種割裂的生活。身在新家庭，小潔可以說服丈夫和自己一起照顧前一個家庭的孩子，更要陪丈夫的孩子遊戲，把丈夫納入自己的生活中，也融入丈夫的生活，不讓任何人感受到孤立、被排斥。

在智鈞看來，自己已經徹底告別逝去的婚姻，展開新的生活。他沒有意識到自己同樣帶著上一段婚姻的產物，單方面不希望妻子的前夫和孩子干擾自己的家庭。在感情面前，人都懷有獨占欲、有自私的心情，不想和任何人分享自己擁有的，智鈞覺得自己理直氣壯。此時小潔若能看出他這樣的心情，及時給予開導，並以行動表達智鈞才是自己如今感情的重心，那事情也還有挽回餘地。

所以，聰明的人得記住，即使有舊情，也別讓它占據自己的生活，對於前任曾經的好、曾經的壞，該放下的放下，絕不拖泥帶水。活在當下，珍惜眼前的美好，安心享受眼前給自己帶來的快樂，若對過去太依依不捨，沒有畫出界線，只會毀掉現在的幸福。

不顧家就靠不住

「感情生活是為了療癒存在」，大多數人心中都這麼追求，所以在外面忙了一天後，拖著疲憊不堪的身體回到家時，想與另一半說說話、耳鬢廝磨一陣，如此就能變得輕鬆愉快。

但是你偏偏遇上了總是晚歸或是不歸的人，本來想要有人為你守候，沒想到得由你留一盞燈。奔波一天也不一定能見上一面，難道不令人心生鬱結？這些人不明白你心中的渴望，不懂家庭才是你靈魂真正安歇的地方。

小筑結婚一年多來，似乎沒有一天過得安心。因為她的先生小李晚上常常不回家，不是出差，就是出去應酬，偶爾不忙的時候，卻出去和朋友聚會，留下小筑一個人在家獨守空房。小筑知道小李平時工作非常辛苦，不好意思直接對他說，只是在丈夫晚上不在家的時候，每隔一、兩個小時打一通電話給他。打電話前，她多希望聽到先生說已經在回家的路上，然而每次那邊不是觥籌交錯之聲，就是乾脆無人接聽。

於是小筑整晚都在回想熱戀的時候，當時小李寸步不離的黏著自己，可是婚後小李就像脫了韁的野馬整天不回家。每次她都是越想越氣、越想越難以忍受。有時，好不容易三更半夜等到小李回來，卻是滿身酒氣；有時，小李夜不歸宿，讓小筑一個人躺在床上整夜提心吊膽。

小筑心裡十分痛苦，丈夫回來倒頭就睡，從來不顧及她的感受，甚至連一句道歉的話都沒有，這讓她快絕望得肝腸寸斷。有幾次，小筑實在忍不下這口氣，唸了幾句，而小李只是隨口敷衍，根本不當回事，照舊在外面吃喝玩樂、花天酒地。

小筑實在受不了丈夫的冷落，覺得婚姻到此已經沒有意義，沒有帶給她任何幸福，每天只有無盡的痛苦和漫長、煎熬的黑夜。

小筑想既然丈夫一點也不在意這個家，為什麼自己要在乎呢。於是，她下班後，再也不準備滿桌飯菜等丈夫回來，而是約上三五好友一起逛街，或者去KTV唱歌。

持續了兩個星期後，小李終於發現小筑也常在晚上出門，每晚開始不停打電話給小筑，甚至有些氣急敗壞。而小筑卻從不發火，不耐煩時回了一句：「你也知道等人的滋味難受嗎？只許州官放火，不許百姓點燈啊。」

小筑回到家後，第二天丈夫總像審問犯人一樣，詢問昨晚都和哪些人在一起，都做了什麼。有一次，小筑實在受不了小李的口氣，反擊道：「你整天晚上不在家，憑什麼說我啊。如果跟你結婚只能一個人在家枯等，我寧願不要這樣的婚姻，我已經受夠了！」

小李頓時覺得理虧在先，開始主動早點回家。可是這樣的狀況維持不到半年，小李又開始不斷用各式各樣的藉口晚歸了。小筑對家庭、婚姻和小李都徹底絕望，在一次小李大醉而歸的第二天，小筑正式向小李提出了離婚。

而小李也懷疑自己不在家的時候，她在外面是否已經出軌，開始對婚姻失去信任，兩個人吵了兩個月後，終於離婚了。

小筑看著手中的離婚協議書，想起當年在一起的戀愛時光，流下悔恨的淚水。

再好的伴侶，如果不常在家，都是對家庭、婚姻和另一半不負責任。一個晚上不回家，或者回家太晚的人，無論原因是工作還是娛樂都說不過去。偶爾一次、兩次也許有其必要，但是經常不在家並不是好的表現。

一方面而言，缺席會帶給另一半極大傷害，缺乏陪伴時間導致難以從你身上感覺到安全感；另一方面來說，經常深夜在外應酬、玩樂，睡眠不足、飲食不健康，對自己的身體也是極大的傷害，而且外面的誘惑實在太多，另一半難免擔心你在外有不軌舉動。

所以，想要不被這樣名存實亡的婚姻所害，就應該在婚前徹底觀察出這個人的本性。如果婚前就看出對方整天在外面玩，即便在戀愛的時候黏著你，你最好不要和這樣的人在一起。一旦關進了婚姻的圍城，你等於進了一座墳墓。

那麼，避免這種傷害最好的辦法，就是找個一切以家庭為中心的人，唯有選擇這樣的人，才能給你安全感、與你長相廝守，讓你享有幸福家庭之樂。

最愛不一定適合

我們一生中，也許只會愛一個人，也許會愛很多人。不管是前者還是後者，我想其中一定有你最愛的人，也有最適合你的人。

美好的愛情總是令人嚮往，每個人都想牽著自己最愛的那個人，在大街上徜徉，或牽手、或相擁、或相挽，嬉笑、說鬧，甚至毫無顧忌相吻，讓人享受青春之活力、愛情之美妙。

這樣的場景很多人經歷過，很多人正在進行，相信也很多人正羨慕著，期望將來有一天自己能加入到這個行列之中。不管這對你是過去式還是未來式，我們都認為我們找到的是自己最愛的那個人，是自己的「白雪公主」或「白馬王子」。

在我們追求美好愛情的過程中，最愛的人最容易尋找，卻往往最難得到。最愛可能與你一見鍾情，或你們兩情相悅，於是，我們以為自己得到了天下最大的幸福，沉浸其中無法自拔。

然而，當我們還在美夢之中不願醒的時候，諸如不斷發生小吵、各自壞習慣湧出、兩人性格不和等等，各種問題逐漸浮現。儘管仍舊深愛著彼此，但是你們之間卻像喉嚨卡住了一根魚刺一樣，吞不下去，吐不出來，甚至憋得無法呼吸。愛讓你們如此難受，想不通為什麼明明是最愛的人，隨著時間過去，反而彼此折磨呢？

感情不順，生活中的各種不如意也跟著引爆，因為我們內心太過痛苦，已經難以維持日常生活，明明是自己最愛、最想要的那個人，怎麼卻成為了最折磨自己、最令自己心痛的那個人。

其實道理很簡單，最愛的往往不一定就是最適合你的。我們從對愛情還懵懵懂懂的時候，就不斷地憧憬自己未來的另一半，想像這個人的音容相貌，性格人品等等，我們在夢中、在清醒的時候都在想像對方，這個人的形象在你心中逐漸完美。於是，當你最愛的人出現時，這個人在你心中也成為完美無缺的人。也許你被愛情沖昏了頭腦，也許你因一時的欣喜忘乎所以，你無視除了愛的一切因素，此時在你看來，只要是你最愛的人就夠了，足以讓兩個人長相廝守，足以讓你山無棱、天地合，才敢與君絕。

然而，我們無法永遠活在理想之中，現實是敲碎你夢想最有力的鐵鎚。然而當你發現最愛的人並不是最適合你的那個人，往往你已經深陷其中無法自拔了，當你有一天不得不揮淚斬情絲的時候，你最愛的那個人，也注定成為了傷你最深的那個人。

那是民國七〇年代，瑪麗亞父母是加拿大人，後來加入美國國籍，她參加國際組織，離開家鄉四處行醫，專門到資源不足的國家當志工。小周也是一名志工，他在學校教書，懷抱著滿腔熱血協助這些國家教育發展。

有一天小周突然病倒，高燒不止，誰知道這次生病卻成了他和瑪麗亞愛情的起點。小周來到醫院，為他診治的恰好是瑪麗亞。在藥品極端缺乏的情況下，瑪麗亞想盡辦法為他治療，因為人手不足，還一個人盡心盡力照顧他、陪他聊天、為他送飯，他們一見如故、無話不談，暢談了許多理想，日漸變得更加了解對方。

小周病癒出院後決定要向瑪麗亞告白，並且把這一想法告訴了自己好朋友阿洋。阿洋聽了後強力反對說：「我不是反對你談戀愛，可是愛上一個外國人，你有什麼保障呢？」志工團其他好心的同事也來勸慶生：「娶什麼外國女人，可靠嗎？現在是她隻身在國外，有你聊作陪伴，轉頭她回國了，不就把你拋在腦後？」

可是，小周心裡卻明白自己的感覺，雖然瑪麗亞是外國人，但他並非沒經過深思熟慮，他們兩人也已經有過深度交流，並不是一時的衝動的決定，鞋到底合不合適，只有自己的腳知道。儘管瑪麗亞不是自己的初戀情人，也不是自己最刻骨銘心的那個人，但是小周覺得他找到了最適合自己的那個。既然是最適合自己的那個，為什麼不能相愛呢？

就這樣，兩位異國的情人迎著寒風漫步在水畔。小周壓抑不住內心的激動，開門見山向瑪麗亞傾吐愛慕之情。他照著當地人求婚時的習慣向瑪麗亞講述了自己的經歷，這時瑪麗亞才知道，原來小周曾經有過一段痛徹心扉的戀愛經驗。

大約在十年前，小周和一個名叫阿玲的女孩相識了，兩個人迅速墜入愛河。兩個人相戀一年後，到了該談婚論嫁的階段。然而，這件事卻遭到了阿玲父母的極力反對，由於阿玲出身於一個富有又家規嚴明的家庭，家境貧寒的小周與阿玲並不能達成與阿玲家門當戶對的標準。父母要阿玲一切都僅照他們的安排，儘管阿玲渴望戀愛的自由，但在家庭環境的長期影響下，她也還是畏畏縮縮、不敢反抗。

後來，阿玲的家人為了斷絕她和小周的來往，毅然決定把她送出國留學。小周得知後極力想挽留阿玲，然而在愛情和留學面前，阿玲並沒有選擇為了小周留下來。這讓深愛阿玲的小周痛不欲生，好似走進了無底的深淵，頹廢了很久。儘管阿玲絕情地離去，但是小周心裡還是希望她有一天能夠回來，回到他的身邊。

小周的愛情經歷讓瑪麗亞深受感動，她想自己要是能像阿玲般被這樣深深愛著，該是多麼幸福的事情啊。於是，她向小周伸開了雙臂，兩個人擁抱在一起。

很快地，兩人真的結婚了。儘管引起了眾多非議，但是小周覺得已經找到了自己的人生伴侶。

時光流逝，轉眼之間四十年過去了，小周和瑪麗亞雖已近暮年，兒孫滿堂，但還如同當年一般相愛。小周說：「瑪麗亞不僅是一位優秀的醫生，更是一位好妻子。愛情只有合適，沒有國界。」

最愛不一定適合

在現實生活中，很多人尋找伴侶的時候，以為自己找到了最愛的人，卻由於和對方實際相處時的重重摩擦，最後不歡而散。儘管對方可能是你這一輩子最愛的那個人，你們或許在某些方面很契合，使你對他愛不釋手，可是還有更多方面他並不適合你。如果執意交往，到最後就會出現動不動就吵鬧，甚至動手相搏的情景，屆時即便是最愛的，又有何幸福可言。

我們來到這個世上是為了享受人生，而不是為了體驗痛苦。與其找一個最愛的人，不如認真地找一個真正適合自己的人。

找到適合自己的，才能避免情傷、幸福一生。

第五卷　一入侯門深似海——在職場中悠游

如果說商場是戰場，那麼職場就是江湖。人們都說職場關係複雜，江湖險惡，而你頭又都洗下去了。因此，只有掌握住職場中的人際關係、交往法則，才能在職場中悠游，從而人在江湖，笑傲江湖。

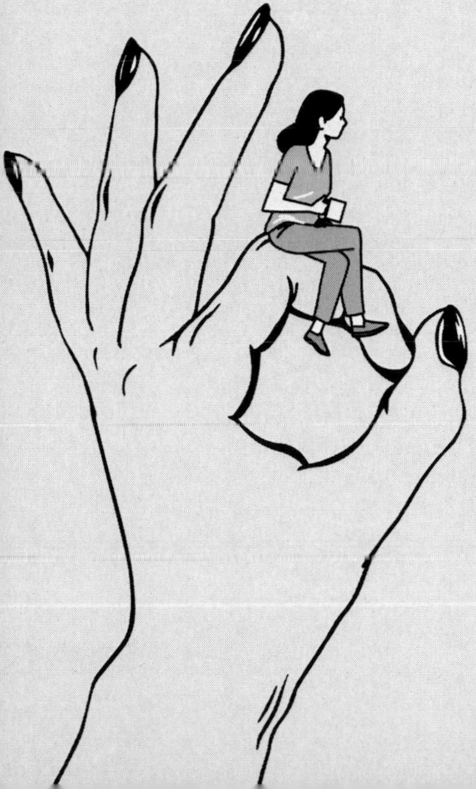

與上司保持適度距離

很多職場人都這麼認為：想要在公司受歡迎、得到上司重視，未來可以升遷，就必須要和自己的上司密切相處。如果自己成為了上司的「小跟班」，那麼很多事情就可以近水樓臺先得月。然而，事實並非真的如此。身為上司，他永遠比你精明。他與你乍看親近，是因為你有可以被利用的價值，所以他讓你成為他的貼身「護衛」。一旦你的地位或者能力威脅到你的上司，他馬上會使出所有手段把你打下去。這時，你離上司越近，你受害的程度也就越大，正所謂「伴君如伴虎」說的就是這個道理。

職場如戰場，如果你不想某一天踩到上司地雷，那麼和他保持一定的距離是有必要的。因為上司就是上司，下屬就是下屬，是上下級關係。如果上司願意與你平起平坐，甚至和你勾肩搭背，那麼上司的威嚴何在。

還有，如果你和上司走得太近，很容易窺探到他不為人知的祕密。身為上司，他不會允許任何人抓住他的把柄，即便你已經和你的上司是好哥們，他也絕對不會容忍你的存在。

可見，與上司保持一定的距離有其必要。聰明的受雇者會嚴格遵循職場的原則：與上司保持「社交安全距離」。它在提醒人們，在職場中，人與人之間應該維持一段距離。這個距離能避免許多不必要的麻煩，避免上司曾對你妄動「殺機」，因為上司也需要保護自己，更需要保留一分隱私。

所以，與你的上司保持適當距離，反而更有利於工作的進行，還能保護自己不受傷害。

羅斯福總統（Franklin Delano Roosevelt）入主白宮以後，與美國歷屆總統一樣，擁有自己的顧問參謀團為他出謀獻策。但是，他又和別的總統不一樣，因為他從來不讓他的下屬和他的關係走得太近。他認為如果下屬和總統的關係太近，就會影響他們之間的工作關係，而且下屬會試圖靠這層關係牟取自己的利益。

在他任職總統期間，他的行政辦公室、辦公廳和幕僚等智囊團裡，從來沒有人工作時間能超過兩年。他規定：在白宮工作的人，就像總統有連任期限一樣，到了規定的時間就必須換人。白宮裡的人不能以任何一項工作當作自己畢生的職業。

羅斯福認為：一個人如果長期在白宮工作，對國家和個人都存在風險，因為他工作的時間越長，掌握的機密也就越多，所以只有採用流動的用人方式才是合理的；二是他不想讓他的下屬變成他「離不開的人」。作為美國的最高統治者，如果有一個長期在身邊工作的人，就會因為關係親近，被他們影響思考和決策，這是絕對不允許的，他不會容許身邊有他離不開的人。唯有調動，不但可以保持參謀們決策風格新鮮、充滿朝氣，也可以杜絕他們利用總統和政府來營私舞弊。

然而，羅斯福的第二任保鑣湯姆因為違反了他的原則，受到了嚴重的處罰。

湯姆在任羅斯福總統第二任保鑣期間，十分盡職，工作能力十分出色，多次受到了羅斯福總統的嘉獎，而且還得到了榮譽勳章，深得羅斯福總統的信任。

湯姆身為總統的貼身護衛，與總統的親密關係自然不用說，湯姆也認為自己不僅是總統的保鏢，更是總統的身邊最親密的朋友。

湯姆任職期滿後被調到了國防部工作，可是，他依然惦念著自己曾是總統身邊最親密最信任的人，調離之初湯姆還是常到辦公廳附近打轉。

有一次，正好被羅斯福總統碰見。羅斯福總統非常生氣，厲聲責罵他說：「你來這裡做什麼？難道你忘了我的規定了嗎？你是不是認為升遷去了五角大廈，就可以無視我的規定了。」

羅斯福的無情冷漠讓湯姆瞬間心驚膽顫，一時竟不知道如何回答。「我……我來……」。

「不要再說了，我不想聽你的任何解釋，你也不用去國防部任職了，現在你已經被解雇了。」說完這話，羅斯福拂袖而去。

與上司保持適度距離

湯姆不懂得和總統保持距離，沒有遵守上司的原則，反倒害自己大好的晉升機會泡湯了。其實，任何上司都像羅斯福一樣，他們都不希望下屬與自己的距離太近。然而，也不希望距離太遠。距離太近，上司認為下屬干涉了自己的自由。距離太遠，又顯得過於冷漠。因此，與上司保持恰當的距離是非常必要的。

一般上司不願跟下屬關係過於密切，主要是顧忌別人的議論和看法，再者就是一定的神祕感會樹立他在你心目中的威信。他是上級，你是下級，他當然有許多事情要向你保密。有一部分事情你只應是知其然而不知其所以然。所以，千萬不要成為你的上司的「顯微鏡」和「跟屁蟲」。

給上司留有自由、隱祕的空間，保持一定的距離，這對彼此都有好處。如果離得太近，說不定哪一天他火山噴發，會讓你引火上身。所以，想要和上司相處融洽，又不會哪天就被清君側，與上司要保持適度的距離是非常必要的。

怎樣應對難纏的下屬

古人說水能載舟，也能覆舟。如果你是一位久經職場的老闆，你一定會懂得這句話的深刻道理。一個聰明的老闆會懂得和員工如何相處，尤其是對那些難纏的下屬，老闆如果得罪那些難纏的下屬，照樣沒有好結果。

身為公司的老闆，應該懂得知人善任，清楚每個下屬的能力，也會把他們安排在適合的崗位，讓他們的才華能夠有效施展。

如果這樣的下屬真有能力，上司當然要提攜，但對於能力有限，工作經驗也普普的，那麼就應該用詼諧幽默的方式回絕他；對於那些能力較差，經驗較少，但又要求升遷、加薪的下屬，老闆應該採取敷衍他的方式，讓他自行知難而退，這比直接批評他要好得多；而對於那些資深員工，他們眼高手低，自認為勞苦功高、經驗豐富，就目中無人，常會提出一些不合理的要求，老闆應該要先尊重公司的資深員工，然後向他們耐心指出要求的不合理之處，採取談心的方式，使員工們體諒公司的確也身在困境之中。

如果上司只能站在上司的角度俯視底下的員工，並用自己手中的權力強行壓制，有可能激起民憤，從而導致最後難以收拾的下場。

小吳是清華大學化工系的優秀學生，畢業後在大集團下的分公司擔任製程工程師。年紀輕輕的他就具備極專業的能力，工作非常出色，在他管理指導的幾個專案中為公司創下不少利潤，很快就晉升為國外專案的製程總工程師，專門負責公司國外專案的技術指導。

一年後，集團公司高層商議決定，調遣小吳到新加坡擔任多晶矽專案的經理，希望他不僅可以做好這個專案，為公司創造效益，還能為公司打造出品牌形象，進一步開拓新加坡以及南洋地區的市場。可以說公司對小吳委以重任。

小吳到達新加坡，走馬上任的第一天就要求專案部門安排歡迎儀式，歡迎他這個新任專案經理到來。在他看來，身為公司破格提拔的專案經理，一定要風風光光的上任。儘管身為專案管理的老孟建議小吳取消這個活動，自公司成立起，從沒有任何經理一上任，在還沒有成績時就舉行隆重歡迎儀式，但是老孟的意見被小吳當場回絕，還被訓斥了一頓。

隨著專案的開展和進行，由於小吳自恃自己是整個專案的最高主管，相當於古代官員在偏遠地區做土皇帝，很多事情一手遮天、常常目中無人。最後，整個專案部管理混亂，上下人心渙散。小吳為了節約成本、使帳面數字更漂亮，大大縮小各個部門的開支費用，這讓各個部門的人都怨聲載道。原本三節該發的獎金少了，原本每三個月一次的津貼也扣了……

然而，專案部的幾個部門主管也不是什麼好欺負的人，面對新任專案經理的苛刻管理，他們平時在工作上不再像以前那樣賣力，遇到什麼事情能推就推，能少做的絕不多做，導致了專案進度延遲，工程款遲遲發不下來，工人薪水拖欠。這些人故意找麻煩，不斷製造問題，要讓小吳知道這個專案不是他一個人的天下。尤其是研發部門的老王，在公司做了三十年了，做了十幾個工程，可謂是公司的元老，非常看不慣小吳的領導方式，經常和他明爭暗鬥，不論小吳是做得好，還是做得壞，他都全盤否定，故意拖拉購買工程材料的日期。因為他知道，一旦這個專案虧本了，那麼小吳的光明前途也就到頭了。

為此，小吳非常氣憤，經常在專案會議上公開指責研發部門工作進展不佳，並且決定要把專案上一些工作能力差的人辭退。資深員工已經為公司工作了大半輩子，卻被一個新晉員工辭退，讓他們覺得十分不公平，有一些人便偷偷把專案的問題向總公司反映。

快年底的時候，一年一度的主管考績開始了。集團公司每年會分配一些考察小組考核公司的各個工程專案，然後根據考績來判斷這一年來每個專案主管的工作業績。

考核結束後，集團高層看到小吳的考績表時相當震驚。身為公司三十年來首位在進公司三年就升任做專案經理的人才，他的考績分數竟然是整個公司專案經理中最低的。公司高層根據基層的回饋，得出了結論：小吳雖然在技術能力上完全足以勝任專案經理，問題在於他還太年經，管理能力不足，尤其對公司員工和各部門的協調管理失敗，對於意見不合的難纏下屬，動輒開除，導致了整個專案上凝聚力渙散，人心不齊。

最後公司高層從整個專案工程大局出發，決定將小吳調離新加坡多晶矽專案經理的職位，讓他重回總公司技術工程部。

在接到調令回總公司後小吳才知道：原來公司高層收到很多匿名檢舉他的信，小吳這才幡然醒悟，原來自己不是輸在了能力上，而是輸在面對下屬時的表現上。

想要成為成功的上司，可不能總是與下屬發生衝突，雖然你是上司，但是很多事情都是由你的下屬去做，你就像一艘船上的船長，而你的下屬們是船上的大副、水手，你可以決定船開的方向，但是船開得快慢都是由水手和大副們決定的。因為他們才是實際的操作者。一旦你得罪下屬，他們就會不斷地給你製造各種各樣的麻煩，也許他們不能夠一下打倒你，因為你是老闆、上司，但是千丈之堤以螻蟻之穴潰，他們可以一步步蠶食你，依然會讓你十分頭痛。

所以，想要營造成功的上下關係，要在施展自己威嚴的同時不得罪他們，必要的時候可以採取一些機智、詼諧的辦法來應付，這樣既可避免直接了當地陷入尷尬的境地，又可使得問題妥善解決。

記住，水能載舟，也能覆舟，這是職場不變的法則，也是保護自己不受害的最好良劑。

競爭而不失良知

幾乎所有的受雇者都希望受到上司的賞識、得到進一步的升遷。升遷不僅可以讓自己的薪水提升，更重要的是自己的能力得到了公司的肯定。然而，商場如戰場，畢竟在同一家企業或者同一個部門，能夠升遷的職位往往就那麼屈指可數的幾個，而你周圍的人都和你一樣虎視眈眈。既然僧多粥少，那麼激烈的競爭難以避免，到時就是弱肉強食，就像大自然裡生存法則一樣。

許多職場人認為：只要盡職盡責將本職工作作好，就能被上司提拔。但是到頭來卻發現事實並非想像的那麼簡單，在某些上司看來，你表現得好只不過是理所當然，除非他認為你是公司內不可缺少的一員，有你的存在能讓公司增色、上司增光，否則很難得到升遷機會。

當大家都明白這個道理，就會開始想盡各種各樣的辦法來表現自己，有的和上司拉攏關係，因為他們知道站在巨人的肩膀上看得比較遠，甚至同事之間互揭短處、彼此攻訐。這樣做只會傷了彼此和氣，使關係充滿火藥味。

在與同事的競爭中，你還要知道一個道理。只要是競爭，必定有人成功，有人失敗，無論如何，你都要以良好的心態來面對。如果你在競爭中失敗了，最好先在自身找原因，也許自己在某方面做的不夠好，而不能將原因歸結到你的同事、上司身上，這樣只能使你與同事、上司之間的關係惡化。你要相信，只要你是真正的人才，必然能在競爭中取得勝利。

人人都想成功，人人都想在競爭中取得勝利，但是無論如何，請你切記：不要惡性競爭，避免兩敗俱傷。不然的話，這不僅害了你對手，同樣也讓你的對手害了你。

希特勒（Adolf Hitler）希望憑著一九三六年的柏林奧運，向全世界展示雅利安人是最優質的人種。他要求當時的德國選手，雅利安人盧斯（Luz Long），用盡一切手段打敗黑人選手傑西．歐文斯（Jesse Owens），以證明他的種族優劣論。

在希特勒的煽動下，納粹媒體要求把黑人踢出奧運舞臺。面對強烈的輿論壓力，傑西．歐文斯參加了四項田徑比賽，不僅是為了自己的金牌而戰，更是為了整個黑人種族而戰。

第一項比賽是跳遠。盧斯順利進入決賽，現在輪到傑西．歐文斯上場了。在小組賽中，他只要跳到自己過去第二好的成績，就可以進入決賽了。然而此時問題出現，歐文斯的壓力太大了，第一次跳，他超出起跳線，犯規了；第二次跳，為了保險起見，從線後起跳，跳出的成績非常糟糕；還剩最後一次機會了，如果這一跳沒有跳好，那麼他將無緣決賽了。面對最後一次機會，歐文斯害怕了，不敢再跳了，他一再試跑，遲疑，不敢開始最後的一躍。

這時，一個消瘦、瞳孔湛藍的雅利安人走近歐文斯，湊到歐文斯的耳邊，用生硬的英語介紹自己，他就是他最大的對手——盧斯。

盧斯面帶微笑，用結結巴巴的英文告訴歐文斯一個辦法。他說他去年也曾遭遇同樣情形，用一個小訣竅解決了困難。歐文斯聽了這個小訣竅，全身繃緊的神經頓時放鬆，他取下一塊毛巾放在起跳板後數英寸處，然後奔跑、加速，從毛巾處起跳，果然他跳出了第一名的成績，並且比盧斯的成績還要好，順利進入了決賽。

貴賓席上的希特勒臉色鐵青，看到歐文斯的成績，希特勒知道決賽的時候，想要打敗這個黑人選手有點困難。他找上盧斯，為了幫助歐文斯的事情狠狠訓斥他一頓，並且要求盧斯在決賽的時候服用禁藥，至於奧委會的檢測，他會想辦法。

盧斯斷然拒絕，服用禁藥不僅違反奧運規則，而且違背了奧運精神。在決賽中，盧斯發揮出色，打破了世界紀錄，然而還是以非常微弱的分差輸給歐文斯。看臺上情緒昂揚的觀眾忽然沉靜下來，這時盧斯跑到傑西·歐文斯面前，把他拉到聚集了十二萬德國人的看臺前，舉起他的手高聲喊道：「傑西·歐文斯！傑西·歐文斯！傑西·歐文斯！」

看臺上一陣沉默後，忽然爆發出一陣陣齊聲喝彩：「傑西·歐文斯！傑西·歐文斯！傑西·歐文斯！」這時，傑西·歐文斯也舉起盧斯的手朝向天空，聲嘶力竭地喊道：「盧斯！盧斯！盧斯！」全場歡聲雷動，大家都在回應：「盧斯！盧斯！」這時的看臺，沒有詭譎的政治，沒有人種的優劣，沒有金牌的得失……

在這次奧運會上，傑西．歐文斯創造的世界紀錄整整保持了四十八年。多年後傑西．歐文斯回憶說，是盧斯幫助他贏得了這枚極其寶貴的金牌，他是歷史上最偉大的運動員之一。

真正的競爭應該是君子之爭，既使人奮發向上，又像春風一樣溫暖和煦，潔淨人的靈魂。如果盧斯為了金牌和希特勒的種族主義服用禁藥，即便拿到了第一，終有一天會被後人知曉他不配做一個合格的運動員。所以，盧斯並沒有和歐文斯之間進行惡性競爭，避免了彼此受害。或許在他看來，歐文斯得到冠軍是最好的結局，而歐文斯的實力也證明了這一點。

在職場中，同事之間的競爭是不可避免的，對手之間的較量也是正常的，關鍵是競爭需憑自己的實力，光明正大、公平公正進行。如果你要輸，那就輸得心服口服；如果你要贏，那就贏得光明磊落。切忌使用小聰明或者耍小手段進行競爭，惡性競爭的結果只會彼此兩敗俱傷，傷害了彼此。

與周圍的同事或對手競爭時，掌握競爭規則：競爭而不失良知。

為自己設計一道「防火牆」

俗話說得好，逢人只說三分話，未可全拋一片心。意思是說，不管對於什麼樣的人，你都不能交付自己的真心，應該給自己留一點餘地，留一條退路。因為在職場中，沒有永遠的朋友，也沒有永遠的敵人，只有永恆的利益。一旦遇到想害你的人，你可以有路可退，如果你交付自己的真心，那到時便會陷入走投無路的境地。

同事是公司內最親密的人，有許多人心裡想些什麼需要找個人說一說，這時同事成了公司裡最好的傾訴對象。就算是品德良好的同事，在公司內交談也要注意，不能心裡想什麼就說什麼。在午休時間，你和同事一起吃午飯，或是在咖啡廳內與同事聊天，不說了些關於上司和公司的壞話，隔牆有耳被某些愛打小報告的人聽進去，傳到上司那裡，最終的結果可想而知。

在職場當中，類似的事例不勝枚舉，體現了禍從口出的道理。因此，和同事們相處時，不能什麼話都說，更不要將心全部掏出來，要學會用適度的戒備為自己設立一道「防火牆」，以免惹禍上身。

從另一個方面來說，即使你和同事關係不錯，相互說一些有關上司和公司的壞話，也不是什麼值得鼓勵的行為。同事之間應該是共同進步、共同發展，彼此激勵的關係，感情不錯的幾個同事坐在一起聊天、喝酒，總是討論對公司或上司的不滿也是很無聊的。儘管大家你一言我一語地說起來沒完沒了很開心，但這樣下去，不但對自己和別人一點好處也沒有，反而有可能為自己埋下禍根。

大衛和麥克同時應徵上一家公司，兩人成為同事，由於性格上有些相似，沒多久他們就成了密不可分的好朋友，兩個人在一起簡直無話不談，尤其是大衛，認為麥克是自己難得一遇的朋友，總是把自己心裡的話全盤托出。但是麥克卻比較聰明一些，他知道什麼話該說，什麼話不該說，無論什麼時候，他總能給自己留有一定的餘地。

這天，大衛下班以後，發現自己的上司在和一個年輕美貌的女子偷偷約會，顯然是上司外遇。大衛像發現了新大陸似的吃驚不已。平時下屬眼中，上司是個不苟言笑，嚴肅正派的人，並且聽公司的同事們說，上司夫妻之間的關係也不錯。沒想到上司卻……

第二天，大衛就把這一大發現告訴了麥克，麥克只是笑著搖了搖頭什麼話也沒說，並且給大衛使了個眼色，因為他們公司愛打小報告的艾利森就在站在離他們不遠的地方。誰知，這話不巧還是被他聽到，過了沒多久，就由艾利森口中傳到上司耳中。

從此以後，大衛在公司的情況可想而知，上司對他格外關切，常常無緣無故挑他毛病，大衛在公司內實在待不下去了，不得不遞上辭職信，重新加入了尋找工作的行列。

大衛由於不懂得用戒備心為自己增加一道「防火牆」，最終搬石頭砸自己的腳。不知大衛以後能否吃一塹長一智，對自己的言談舉止多加注意了。

不要將自己心中的話全盤托出，並不是要你做個虛偽又城府深的人，而是因為人性複雜多變，如果你將心中的話全盤告訴同事，用心和他交往，最終受到傷害的可能是你。

把自己心中的話全部掏出來表明你對他所付出的真心和熱情，但是不知你是否想過這樣的問題，你將心掏給對方，但是對方是否也將心掏給了你？會將心掏給你的人實在是太少太少了。如果你在工作中讓對方抓住了你的弱點，那麼你的日子就可想而知了，某些人肯定會把你玩弄於股掌之中，就像薄情郎對待痴情女一樣。

在你的同事當中，你還有可能會遇到這種人，在你交付自己的真心後，不但得不到他的尊重，反而被他輕視。這樣的人，你對他存有一些戒備，他反而比較敬重你，因為對這樣的人來說，太容易得到的友情，他們是不會去珍惜的，那麼，你掏心於他是不是太不值得了？再說，你將心中的話全盤托出，結果對方根本不打算掏心，還對你心存戒備，你得不到平等對待，心中也會不平衡，因此產生被背叛、被拋棄的感覺，這樣一來，你的感覺好受嗎？

你還有可能會碰到這樣的同事，如果他是個做事謹慎，思想複雜的人，你將自己心中的話全盤托出，這樣就有可能將他嚇跑。因為你對他這麼坦誠，他心裡可能會想，你這樣做是不是有其他的目的？你這樣做的結果，豈不是弄巧成拙，破壞了同事之間的關係。

所以說，在公司與同事相處的過程當中，你千萬不要交付自己的真心，要學會為自己保密。對待同事，你可以不虛偽，坦坦蕩蕩，但絕不能將感情全部投入進去，要留些空間進行思考以使自己有些緩衝的餘地，唯有如此，在公司內你才能自在發展。

讓適度的戒備為自己設定一道防火牆，這是每一個上班族都應該具備的心理，也是你面對競爭如此激烈的社會時，一大生存法則。小心駛得萬年船，只有這樣，你才不會禍從口出。

用冷靜化解不和諧的音符

在職場上，與客戶打交道可謂是家常便飯，然而一個人的能力再強，也會遇到難搞的客戶。這些客戶並不像和你平時打交道的客戶那樣好說話，他們會向你提出非常嚴苛的條件，甚至會挑剔你態度不佳而拒絕與你簽約，就像人們常說的，和諧的音符雖然能奏出完美的樂章，但是不和諧的音符又時時存在。這就需要你巧用智慧，化解不和諧的音符，也就是先控制自己的情緒，然後用冷靜的頭腦來處理問題。

一個人如果沒有控制情緒的習慣，不僅會得罪客戶、簽不下約，你的直屬上司還會責怪你辦事不力。這樣一來，也許你會因為一個客戶而丟掉大好的晉升機會，還可能斷送你的錦繡前程。

成功的職場者都明白，客戶就是泰山，即便泰山崩於前，也得要面不改色。與客戶的往來中，只有抑制衝動、避免爭論、善聽批評、力戒不滿、敞開心胸，用冷靜來化解不和諧的音符，才能拿下客戶。

有一位不動產大亨劉先生，他是一個遇事冷靜的人，之所以能在不動產這一行立於不敗之地，完全是多虧他的冷靜。

民國七、八〇年代左右，劉先生有個朋友在做不動產，賺了不少錢，邀請劉先生投資他的專案，一起來不動產行業。劉先生看到這位好朋友這幾年的確做得不錯，心裡不禁有點衝動，有想加盟的念頭。

但是，在公司成立之前，他心裡有個疑惑揮之不去，為什麼朋友能夠賺得這麼快，為什麼同樣是一磚一瓦蓋起來的房子，在他那裡一下就能賺這麼多錢？在劉先生的一再逼問下，朋友說出了自己的賺錢方法。比如，一戶價值五百萬的房子，經過自己不斷轉手，最後賣到五千萬，就像抽鬼牌，每抽一張牌，價格升高一些，至於鬼牌最後在誰的手上，他都只能自認倒楣了。原來朋友透過這種方式炒房，使房價營造出上升的虛假榮景。

就在這時，朋友接到了一批大訂單。由於自己的資金不足，要求劉先生加入，只要轉手賣出去，就可以賺上很大一筆。

面對好朋友的鼓吹，劉先生經過理性分析，覺得這種做法只是在製造泡沫經濟，隨時可能破滅，因此他毅然決然地選擇了放棄。此時他的朋友非常生氣，說：「老劉，難道我會害你不成？你放著錢不賺，難道是嫌我給你的分紅少嗎？」

不管朋友怎麼極力勸說，劉先生還是決定退出這筆訂單，因為這筆訂單的需要的資金太大筆了，如果到時候轉手的房子轉不出去，那麼倒楣的就是自己，這筆投資風險過大。

果不其然，商海風雲突變，在第二年，不動產市場就刮起了風暴。房市泡沫破裂，鋪天蓋地的黑色災難蔓延整個不動產市場，而他的朋友虧得血本無歸，不僅一點錢都沒賺到，而且還賠了以往賺的錢。劉先生十分慶幸自己的冷靜讓自己避開這場滅頂之災。

幾年後，劉先生注意到房市即將回暖，就在許多人都認為這碗飯越來越難吃的時候，劉先生卻認為機會來了，他經過仔細分析、判斷，最終選擇了組建自己的房地產公司。

劉先生之所以沒有在泡沫經濟之中慘摔，完全是因為在與朋友合作的過程中，他面對暴利，還能冷靜理性的思考、判斷。如果那次他判斷失誤，他的資金也會被牢牢套住，那麼很可能無力東山再起，在災難中破產。後來，經過冷靜分析正式進軍不動產這一行，正值經濟進入逐步上升的階段，他做出正確的選擇，為自己鋪就了一條億萬黃金路。

無論什麼時候，冷靜的人都能保持自我控制能力。在職場中，一切商機都是風雲變幻的，與周圍的人打交道總是吉凶難測，很多意想不到的變故都會發生，這個時候，你就需要保持冷靜。若不能自持，只要想害你的人故意激起你的情緒，你就自亂分寸、連連出錯，甚至自曝弱點，掉進他們設計好的圈套之中。

所以說，無論什麼時候，什麼情況下，無論責任在哪一方，你都要用冷靜的頭腦來化解你與客戶之間的意見分歧，這不僅有利於促成你們之間的合作，也有利於你個人的發展。

與客戶相處時，你應該掌握以上原則，用冷靜化解不和諧的音符，如此便能與客戶合作愉快。

客戶不退，你需要妥協

職場就是一連串的利益鍊，與客戶談生意，雙方既要各自的利益最大化，又想在一起達成協議，合作共贏。可以換句話說，與客戶之間的交往，實際上都是對利益的追逐，而想要獲得利益，就必須與對方保持穩定平衡的利益關係。如果你的客戶不肯退讓半步，而這次合作對你們彼此來說都很重要，這時，在非關原則的情況下，你應該盡可能適當妥協。這時的妥協並不是示弱的表現，而是職場生存的技巧。

試想，如果這次的談判失敗了，是誰害的？在你面前只是寸步不讓的客戶，對公司卻是無比重要的金主，公司的主管只看重結果，並不在乎你和什麼樣的人談判，談判失敗，那不是客戶的原因，是你的能力不足。

所以，即便客戶的要求會讓公司蒙受一定的損失，你也要盡可能衡量得失，適當妥協、主動讓步，這樣就會打開僵局。在大家都拒絕讓步的情況下，你卻主動讓步，客戶當然對你加倍滿意。一旦接受你妥協給對方的好處，客戶自認占了你的便宜，便難以再無動於衷。當合約簽成了，你的危機也就徹底解除了。

蓋瑞在一家外商電腦公司當銷售業務，每天在外面東奔西跑，晚上回家看第二天的客戶資料。轉眼之間，快年終了，他半年來銷售業績卻平平，不說年終獎金了，不被老闆炒魷魚就不錯了。

看著同事們各個都取得了不錯的業績，蓋瑞的壓力越來越大，早已沒有初為白領時的飛揚神采。

有一天，他偶然聽一個朋友說，有家企業正在更新辦公設備，需要購買一批為數不少的電腦。如果能夠拿下這筆訂單，那麼蓋瑞將徹底揚眉吐氣一回。

於是，他找到了這家公司技術部的王經理，並向他介紹了自己公司的團隊願景、業務範圍、產品優勢等等，他也簡單地談了他們的需求。

最後王經理站起身，拍拍桌上的兩大堆資料，笑著說：「已經有好幾家公司來過了，我們還要進行多方面考察，有消息再通知你。」

蓋瑞知道這家企業是大企業，如果這次能夠合作成功，以後還有合作的機會，將會是一筆很大的生意。他非常重視這筆訂單，每隔一兩天他就打一個電話，得到的回答總是「還沒定」。

十多天過去了。這天下午，蓋瑞終於接到王經理的電話，要求第二天去公司考察。事不宜遲，蓋瑞連夜加班，整理資料、設計簡報等等。一切準備就緒後已是半夜。第二天，蓋瑞和王經理一行人開會，回答他們有關價格折扣、產品保固等疑問。

直覺告訴蓋瑞大有希望。

但是到了下午，蓋瑞到對方公司拜訪時，王經理卻告訴他：「實在抱歉，今天從你們公司回來後，我們總經理一個朋友向他推薦另一家公司，產品品質和你們公司差不多，尤其是那家公司的價格便宜，經理答應考慮考慮，因此，我們經理說暫緩簽約。」

蓋瑞真是大大出乎意料，本來已經要敲定簽約時間了，卻在關鍵時刻變卦。蓋瑞想了想告訴王經理說：「請轉告你們經理，如果接受我們公司的產品，我們將為你們提供最優質的服務；在價格方面，我們還能忍痛再做折扣，以表誠意。」

王經理看了蓋瑞在價格上作出了巨大的讓步，如此真誠合作，最終決定和蓋瑞簽約，訂購蓋瑞公司的電腦。

雖然這筆訂單的簽訂價格幾乎是成本價，沒有帶給公司巨大利潤，但是蓋瑞畢竟簽下一筆巨大訂單，公司經理對蓋瑞刮目相看，決定暫不作出開除蓋瑞的決策。

由於蓋瑞最後的妥協，促成這筆訂單的成功。如果他沒有讓步，讓這筆訂單在快要簽成的時候飛走，那麼蓋瑞肯定是等著被開除了。事到臨頭才提出暫緩，蓋瑞有足夠的理由據理力爭，但是他沒有這樣做，而是採取退讓的態度。恰恰是這種讓步感動了王經理，並拿到了那筆訂單，保住了自己的飯碗。

俗話說得好，退一步海闊天空，適度的妥協退讓。有利於與客戶達成共識、長久合作。因為你的退讓使他嘗到了甜頭，他不但心情好，還因此生出知恩圖報的心情，在這種情況下，他也就很願意與你合作下去。

逆水行舟，不進則退。想要一轉客戶不肯讓步導致的膠著場面，你不妨偶爾做個順水人情，適當地讓利幾分，這對自己也大有裨益。

謹慎對待他的過分「熱情」

在人際交往中，我們有時不是輸給對手，也不是被敵人所打敗，而是我們被身邊那些「熱情」的人所害。人們常說：「世界上沒有無緣無故的愛，也沒有無緣無故的恨。」一個人如果對待你過分熱情，必定是有求於你，即使是朝夕相處的朋友也不例外。

職場中，朋友之間的相互關心是必要的，但是也應該掌握一定的尺度。大家都知道糖好吃，但是吃多了也會蛀牙齒。何況，給你糖的人是不是還有其他目的，你也不知道。人性複雜，各式各樣的人都有，在你周圍的人也不例外，你要慎防糖衣炮彈。

如果你擁有什麼成就，或者手上握用權力、金錢，這時圍在你周圍的人也一定很多，而且龍蛇混雜，有些人可能對你過分熱情，這時，你千萬要注意，這些人常是另有企圖，千萬不要被這種偽君子所利用。否則，你將會受其所害。

連假後，財務課的老課長就要退休了。公司決定在老課長離開前，從課室內年輕優秀的員工中挑選一位來接替老課長的位置。消息很快就在公司裡傳開了，課室裡每個人都為這件事情蠢蠢欲動，尤其是小高，他已經在公司待了六年了，心想這次千載難逢的機會絕對不能錯過。

下班回家，小高的妻子看到小高眉頭緊鎖，一個人坐在沙發上悶不吭聲，就問他是不是工作上遇到了難事。於是，小高把升遷的事情給妻子說了。妻子聽完後說：「這還不簡單，你那個老課長不是喜歡喝酒嗎，改天你把他邀請到家裡來，請他喝一頓酒，然後再給他送點禮。」

小高看著妻子比劃著，明白妻子是要拿錢賄賂老課長。但是小高說：「萬一這事情最後沒有辦成，不是偷雞不成反蝕米。」

妻子聽完哈哈大笑說：「虧你還是做財務的，現在公司的帳目不都是你在做，做個假帳不就行了嘛，又不是要你從家裡拿錢。你再趁老課長酒醉之時讓他簽字，就算以後被查出來，還是你們老課長負責。」

小高聽了妻子的話，茅塞頓開，豎起大拇指直誇自己妻子聰明。

兩天後，小高把老課長請到家裡做客，並讓妻子準備了一桌好菜和幾瓶好酒。小高夫妻一面吹捧老課長在公司的豐功偉業，一面不停地敬酒。等待老課長喝得差不多的時候，小高拿出了一個帳單，說是公司的一筆財務往來，剛好請老課長簽名，省得回公司麻煩。老課長喝得高興，看都沒看帳單，就簽上了自己的大名。

晚上，小高又把喝醉的老課長親自送回了家，並且在老課長家裡放了五盒好酒。

一個月後，老課長下來了，小高順利地坐上課長的位置。小高即時誇了妻子一番：「這次升遷，全都是你的功勞，是你想出把錢放進酒盒子裡。」

妻子笑道：「這不是我的功勞，是錢的功勞，這叫羊毛出在羊身上。」

然而，好景不常，小高的財務課長屁股還沒坐穩，就出事了。在快年終的時候，公司派來的審計人員在核對公司帳目的時候，發現了這筆十萬塊錢的假帳。經過調查發現，做這筆假帳的正是現在的財務課長小高，而獲取這筆資金的正是前任的老課長。

公安機關立即拘捕了老課長，老課長拒不承認自己私吞了公司的錢，但是又難以否認，因為帳單上的確是自己的簽名。

後來老課長終於想起離職前去小高家裡喝酒的事，說錢是小高私吞的。小高看到紙

謹慎對待他的過分「熱情」

包不住火，於是反咬一口，說老課長離職前想撈一筆退休金，命自己做了假帳，並且說明了資金的去向。

果然，按照小高的招供，法務機關發現了老課長的確私吞了這筆錢，還把錢藏在酒盒中。老課長百口莫辯，苦於自己沒有任何證據，只好白白背了這口黑鍋。

最後，老課長因為私吞公司錢財，被正式拘留了。

老課長就是因為小高的過分熱情，破壞應該保持距離的原則，在快退休的時候把自己送進了監獄，老課長做夢也沒想到，跟熱情的小高喝喝酒，就傷害了自己安度晚年的幸福。

那些對你過分熱情的「朋友」，也許你一時難以辨認他們究竟是真熱情，還是假好意，那麼就讓時間來證明吧！就像有人說的，「看準一個人不容易，只有『時間』大師才是最好的檢驗之師。」

所謂用「時間」來看人，也就是指對一個人要長期觀察，不要太早對那些對你過分「熱情」的人下結論，因為結論下得太快，會因你個人的好惡而發生偏差，從而影響了你們之間的友誼。另外，有些人被生活所迫不得不戴著假面具，這些假面具也可能是為了討好你而戴，如果你據此判斷他的好壞，並由此決定和他的交往程度，那最後吃虧的還是你。

透過時間的驗證，你就能發現他的過分熱情是發自內心，還是另有所圖。如果是另有所圖，那他心中有鬼，所以會對你先親密後疏遠，先熱後冷，這種人通常沒有耐心，時間一長，狐狸尾巴就會露出來的。

在職場中，我們要時刻提醒自己：謹慎對待他人的過分熱情。

有多少能力，做多少事

在職場中，有些時候礙於面子，當身邊的人有求於你，你明知道這件事情很難辦到，自己也沒有把握，但是你還是得硬著頭皮答應別人。尤其你身為下屬，而要求你幫忙的是你的上司時，雖然不樂意，但又不好意思拒絕，更重要的是如果成功做到了，還會讓上司高興。

但是要知道，事情有難易之分，如果你都不想想自己是否能夠完成，就貿然答應，到時事情沒有辦成，你還要為事情的後果的承擔責任。

任何人要你辦事時，你都應考慮自己的能力、事情的難易度、外在條件是否具備，把以上三者結合起來，然後再做決定。如果你覺得辦不到，千萬不要貿然答應。

有多少能力，做多少事

張先生是某名校的教授，學識淵博、氣質儒雅。退休後，他壯志未酬，想去經商。

一天，某小雜誌社的主編透過朋友的介紹來張教授家想請求幫忙。原來他們這個小雜誌社有心舉辦文藝講座，以擴大雜誌社的知名度，同時募集資金，想請他出面幫幫忙，因為張教授桃李滿天下，人脈廣、知名度高。

張教授仔細詢問詳情後，雖然以前自己不曾協辦過類似的活動，但還是答應了，說：「我有些學生自己開了公司，有些朋友也已經當上大官，他們和我關係不錯，我要是去跟他們拉贊助，應該十拿九穩。」

主編聽了張教授的話，覺得這次活動一定能圓滿成功，說一旦雜誌社的名聲打響了，以後會請張教授擔任雜誌社的榮譽顧問。張教授聽了也非常高興，使出渾身解數，三不五時就打電話給主編報告最新的好消息：「又有幾家公司打算贊助了！」「有幾個公家單位也準備贊助我們。」「我有個朋友的公司也想參與這次活動。」

教授一次次勝券在握的回話，讓主編非常高興，立即動用各種關係，邀請藝文界各方大師，同時租場地、辦宣傳，為活動積極準備。

主編想在教授許諾的贊助金額到帳後立即舉行活動，但此時張教授卻忽然銷聲匿跡了，打電話也沒人接。活動又不能不舉行，不然場地費用和其他開銷都白白浪費了，更重要的是雜誌社還會失信於人。

直到活動開始前夕，主編去了張教授家裡，終於找到他。張教授看見主編，吞吞吐吐說：「實在對不起，我那些朋友和學生都不願意來了，他們嫌你的雜誌影響力太小，拿錢贊助你們，也不能為企業帶來廣告效益，只會是白白浪費。我也很為難……」

張教授還在解釋，而主編早已被氣得臉色發青：「你少跟我說這些，你不是說你不會失手嗎？要是我的雜誌知名度高，還需要找你合作嗎？」

這項活動最終讓這個小雜誌社賠了夫人又折兵。為此，小雜誌憤恨難平，特地寫了一篇報導說張教授是個騙子，是一個十足的偽君子。

這件事情還被傳到大學裡去，讓張教授名譽掃地。然而張教授只是知識分子，對經商一竅不通，他嘆著氣說：「唉，為了這次活動贊助，我東奔西跑，費勁了口舌，就連自己的面子也不顧了。誰知道剛開始說得好好的，一定會來捧場，到最後讓他們出錢，一個個都變成縮頭烏龜，不是說在開會，就是說在出差，全都反悔了！這下我啞巴吃黃連，有苦說不出，裡外都不是人！」

張教授一片好心，結果卻適得其反，害了別人，也害得自己晚節不保。不僅害得雜誌社處境艱難，同樣也被小雜誌社壞了名聲。壞就壞在自己沒有一點商業頭腦，一點不懂商場規則。他不懂企業都是以利益為目的，要他們白白從荷包裡往外掏錢，又沒有任何的好處，誰會願意呢？他找的那些學生、朋友剛開始會答應，可能是給張教授幾分面子，不好意思直接拒絕而說的客套話！

在商場中不要自不量力。亂誇海口，就是出難題給自己。有時，該拒絕就要拒絕，否則最終害了別人，也陷自己於不義。

墨守成規，只會讓你平庸

商界有一句話說，不創新，即死亡！平庸的產品只能淪落得以價格戰為唯一希望。商品且需要不斷推陳出新，人更是如此，如果你的周圍的人們缺乏創新意識，一個個只會墨守成規，那麼你也會被這些人同化得日益平庸，甚至是平淡無奇地度過一生。如此一來，在生活中少了很多精彩；工作中，只是一個毫不起眼的無名小卒。

周圍一片死氣沉沉，容易使人失去工作的熱情、生活的目標，久而久之，你就變成了一個不思進取的人。我們知道，你善於發現周圍的新事物，由此發想，誕生出前所未見的創意，並把創意付諸實際行動，做前人不曾做過的事。工作中最大的成就感莫過於此，企業要取得成就也與此息息相關。

創意是一把鑰匙，讓你打開通向財富和成功之門。想在商場成功都應該具備創造力，我們能看看諸如洛克斐勒（John Davison Rockefeller）、比爾蓋茲（Bill Gates）等等，他們每一個人都擁有創意這個法寶，使用後也帶給他們無窮的商機。

如果你的周圍都是一群墨守陳規，毫無創意的人，你在潛移默化中也可能因此趨於保守，本來你是一個有許多想法的人，但因為他們，你單單把這些想法放在腦袋裡，不拿出來實踐。若待別人的想法或創意得到實踐、取得成功時，才發現自己的頭腦中也曾有過一樣的想法，那你只能追悔莫及了。

創新就是獨樹一格，就是那些千奇百怪、令人嘆為觀止的獨特創意。但是身處職場之中，日日重複的機械生活、已被機械化的職場同事們，卻會同化你的思想，它往往會淹沒你的主見、個性以及你獨特的想法，使你變得平庸無奇。

試想，當老闆、同事對你品頭論足時，你是否還會堅持自己的觀點？大多數人的答案會是否定的。當一個人融入社會以後，為了與他人更融洽的相處、以減少事情的阻力，他開始學會圓滑地處理事情，因此漸漸重視別人對自己的評價，而這就使他們一點一點失去了自己的主見。

在美國玩具業剛興起的時候，羅慕斯和凱瑟姆一起創辦了一家玩具公司。創業之初，由於兩人工作勤奮努力，公司的獲益一直很好，但是不久後，隨著各家玩具公司陸續創設，市場競爭日益激烈，公司獲益一日不如一日，倉庫存放的玩具堆積如山，賣不出去。

為此，羅慕斯和凱瑟姆想盡辦法從生產流程改善，把品質提高、成本降低，但是都不見成效。許多員工見公司的狀況一日不如一口，都紛紛辭職，跳槽到其他家玩具公司。

承受著倒閉的壓力，現實的重擔壓在羅慕斯身上，他在崩潰的邊緣夜不能寐，整日茶不思飯不想。妻子看到他灰心喪氣，便建議他：「這樣下去也解決不了問題，不如出去旅行幾天，釋放心中的不快，緩解一下壓力，說不定回來就可以想到好辦法了。」

羅慕斯百般無奈，只好接受妻子的主意，和她一起去了海邊。海邊的風景優美，海上穿梭著來來往往的帆船，海鳥四處盤旋。看著海浪潮起潮落，羅慕斯卻無心欣賞，因為他還是惦記著工作，他始終在思考著如何處理公司的玩具庫存。

這天中午，羅慕斯打算回去了，他們在路上看到一群孩子，妻子推了推他說：「親愛的，你看那些孩子玩得多開心啊，你再看看他們手中的大貝殼，一點都沒有你公司設計的玩具好看，醜得要命。」

羅慕斯順著妻子指的方向望去，看到活潑可愛的小孩子們正拿著一個很醜的大貝殼嬉戲，但是他們絲毫沒有嫌棄這個「玩具」的醜陋，相反他們奔跑著、打鬧著，臉上充滿了笑容，快樂無比。

此時，羅慕斯頭腦中靈光一閃：原來如此醜陋的大貝殼也能討得孩子們的歡心啊，那麼我們何不改變策略，生產出一些奇醜無比、造型古怪的玩具呢。

回去以後，羅慕斯立刻找來自己的合夥人凱瑟姆。可是沒想到立即遭到凱瑟姆的反對。凱瑟姆認為，既然能確定現有的產品受到孩子們的喜歡，那規規矩矩生產它們就好，更何況，若要生產那些醜陋無比的怪物，公司還得花費一筆費用為他們重新設計、開設一條產線，專門生產那些醜陋的玩具。如果到時候不成功，那公司真的非破產不可。

然而，羅慕斯可不這麼認為，他認為凱瑟姆的想法太過保守，如今公司的發展之所以遇到瓶頸，就是因為玩具沒有什麼創意，導致他們難以跟同行競爭。

羅慕斯最後決定還是生產醜玩具，儘管凱瑟姆極力反對，但是羅慕斯擁有拍板定案的權力。結果正如羅慕斯所料，醜玩具非常受到市場歡迎，極其暢銷，公司也因此度過這個危機，並發展壯大了。

如果羅慕斯沒有打破常規，而是和凱瑟姆一樣害怕創新，公司最後必然會倒閉，所以，他不顧凱瑟姆的反對，執意生產醜玩具，這一創意反而取得巨大的成功。

面對問題，許多人容易採取慣性思維模式，也就是總按著常情、常理、常規去想，或是按著事物發生、發展的客觀順序去想，比如從前到後、從上到下、由近及遠的順序去想。

這樣想問題，容易找到切入點，思考問題和解決問題時的效率也會比較高。

想要在職場中，不被周圍那些喜歡墨守陳規的人所拖累，就要堅持自己的創意，敢想敢衝，勇於邁出堅實的一步。不被常規經驗所迷惑，不能被權威人士所誤導，不能被原來的規則束縛，要勇敢地張開你想像的翅膀，四處翱翔搜尋，總有一個絕佳的創意在某個角落等待你去發現。只要你不斷創新，打破規則，就一定擺脫周圍那些突破墨守陳規的人所害，從而打破職業生涯中的瓶頸，一個新的成功！

選擇自己喜歡的

俗話說，鞋合不合適，只有自己的腳知道。在職場中，你切記要懂得這樣一個法則：做自己喜歡的工作。工作其實就像你的第二個「情人」，如果你對自己的工作不喜歡或不感興趣，那麼你每天工作不僅難以保持積極，而且很鬱悶、不開心。這對你來說，無疑是痛苦折磨，因為你心裡無時無刻都在想著要與這位情人「分手」。

在我們的周圍，有些人大大影響著我們的職業選擇。他們認為我們應該要找高薪高就的好工作，自己找工作時，最看重的往往也是薪水多少。當別人找到一份年薪豐厚的工作時，往往會成為我們羨慕的對象，認為那就是一份好工作，在自己找工作的時候，也會以他為目標去尋找、去追尋。

其實不應如此，真正的好工作並不是「高薪高就」，也許別人每個月拿的是你的二倍、三倍甚至五倍，但是別人每天付出的辛苦、勞動的強度可能是你的十倍，更重要的是他可能每天處於在痛苦的工作狀態中，這份工作或許是他逼不得已接受的，而不是他喜歡的工作。所以，你沒有必要受到周圍這些人影響，試圖如法炮製這些人的做法，到時痛苦的必然是自己。

從前在美國有一個男孩，非常聰明，學習成績也很優秀，男孩的父親和母親希望他將來可以成為一名醫生。因為醫生在美國社會來說，是一個薪水高又體面的職業。

當男孩子上到高中的時候，對電腦產生了非常濃厚的興趣，簡直是入了迷一樣，一天到晚坐在地板上，剛買了一臺蘋果電腦，就把電腦的主板和零件一個個拆下來，然後又重新組裝起來。

父母看到男孩子似乎有點玩物喪志，就警告他，應該把心思放在讀書上，否則將來無法找到一份好工作，在社會上立足。

可是，男孩卻說：「我對電腦很感興趣，以後它就是我的工作，有朝一日我會開一家電腦公司。」

父母根本不相信男孩說的話，千方百計按自己的意願去培養男孩，希望他能成為一名醫生。最後，男孩終於按照父母的意願，考進了美國一所大學的醫學系。

進了大學，他對醫學方面的知識一點也不感興趣，而對電腦的著迷程度卻與日俱增。他從二手零售商店裡買來價格便宜的 IBM 二手個人電腦，然後在宿舍裡進行改裝。經由他改裝的電腦，不僅性能優良，而且價格便宜。很快，他就成功賣給同學。漸漸，同學間傳播起他改裝的電腦格外好用的消息，不但在學校裡暢銷，而且連附近的法律事務所和許多小企業也紛紛前來訂購。

大學僅僅讀了一年，學期結束放假回家，他對父母要求讓他退學。可是，男孩的父母堅持不肯同意，無奈之下，只允許他利用假期推銷電腦，並且約定：給他一個暑假的時間，如果銷售不好，沒有成績，必須回到學校安心讀醫學。

男孩答應了。可是，僅僅暑假一個多月的時間，男孩的電腦生意達到十六萬美元的銷售額。男孩做到了，但父母仍不願同意，他毅然決然瞞著父母辦了休學。就在這段時間裡，男孩創立了自己的電腦公司，並以公司良好的業績吸引很多投資商的加盟。

於是，小男孩果斷退學了。在他退學的第二年，他的公司資產已經達到了將近兩千萬美金，還發行了股票。

十年後，他創下了神話，擁有資產達四十三億美元。他就是美國戴爾公司執行長麥可．戴爾（Michael Dell）。

戴爾正是堅持了自己的興趣，在人生的職場道路上開闢了一條輝煌之路。如果他按照父母的規劃，今後做一名醫生，也許他一輩子只是一個普普通通的醫生，而且他工作起來也不會快樂。

在工作和生活中，你周圍的親人和朋友總是會出於好意，建議你今後選擇什麼樣的工作，走什麼樣的道路。可是，這些好意不一定對你真的有幫助，有時反而讓你日子痛苦。

工作原本就無好壞之分，重要的地方在是否適合你，別人並不知道你最適合什麼樣的工作。所以，如果你不能清醒客觀地看待自己的天性，盲目地按照他人的想法，最後苦的是自己。

人生短暫，時間寶貴，我們不可能有太多的時間和經歷去反覆嘗試。如果我們不幸聽從了周圍的人安排或者盲從周圍的職業觀，最後要經歷一切的仍然是我們自己。

翻開職場菁英們的光榮歷史，我們可以發現，那些在事業上取得頂尖成功的人，總是選擇了自己喜歡的職業，而那些沒有從事自己感興趣工作的人，最終都是一輩子忙碌，沒有太大的成就。

所以，我們要遵守職場的這一定律：做自己喜歡的職業。只有堅持自我，我們才能脫出平庸，創造出屬於自己的一片輝煌。

第六卷　禪房花木深——讓生活多點禪意

佛說：在這大千世界，芸芸眾生中，能夠真正傷害你的，不是人，也不是禍，而是欲念、是執念、是貪念……只有放下這些俗念，才能不被世人所困擾、不被周圍的人傷害，才能返璞歸真，保持心靈澄澈、空明。

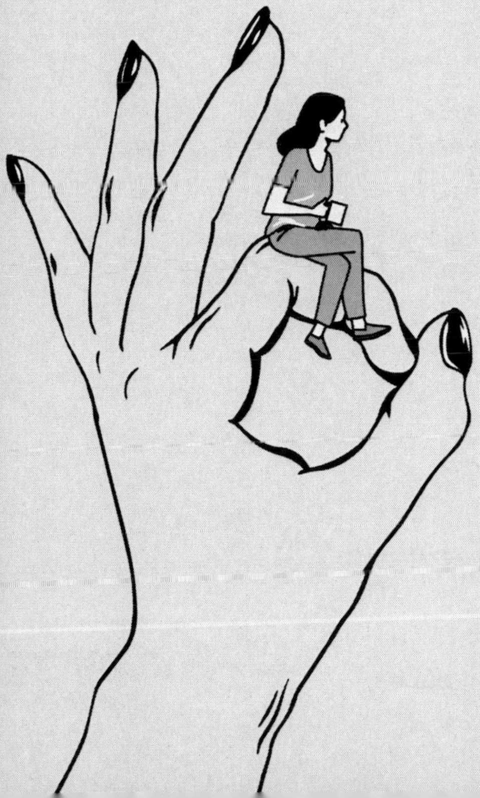

人生有限，勝負心無窮

生活中，我們每個人都有一顆爭強好勝之心，想活得比別人好，住更好的房子、拿更高的薪水、登上更高的職位。於是，我們和周圍的人一樣，每天在不斷向上攀登中忘卻了生活的意義，只是隨著周圍人的步伐，別人在追求什麼，我們也在追求什麼；別人在爭奪什麼，我們也去爭奪什麼。

很多時候，生活的巨大壓力現身，工作太辛苦，那是因為我們太計較當中的得失，讓自己陷在煩惱的情緒中。有一個成功的商人曾經說：「對於交友而言，如果太計較個人得失，將很難有真正的知己；身為一個商人，如果太計較眼前的利益，很難成為成功的商人。」

大千世界，得與失是形影相隨的。佛說：「得到即是捨去。」你出生，而生命卻在時時流逝；你得到了明媚的陽光，卻失去了夜晚璀璨的星星。在人生的旅途上，應該是有所得，有所失，拿得起，放得下，如果你什麼事情都要一味爭奪第一，那麼你必然會失去美麗幸福的人生。因為人比人，氣死人。你比過這個人，就一定比不過那個人，人外有人，天外有天。

所以，周圍那些愛比較的人不是我們追求的人生榜樣，過得太爭強好勝，爭奪個你死我活、勾心鬥角，即便你得到了你想要的，也失去生活的樂趣，因此我們在社會中切記不要陷入比較之心，學習他們讓我們的生活變得一點也不快樂。

有一對年輕夫婦雖然才三十出頭，但是看上去兩個人卻像是四十歲的模樣，因為他們的生活壓力太大了，總想過得比別人好。

夫妻兩人性格都十分好強，他們看著周圍的同事哪家買了大房子，兩人就把這位同事當作自己的目標，沒日沒夜不停工作，只為買一座同樣大的房子；當他們看到自己的朋友換了最新款的轎車，馬上又陷入憂愁，覺得自家的車太落伍了，開出去簡直是在丟人現眼。於是，夫妻兩人又開始打拚了，丈夫白天上班，晚上還兼職了另一份開計程車的工作。妻子則開始制定節衣縮食的計畫，加上週末去別人家裡清潔打掃，經過長時間的努力，兩人終於換了一輛新車。

然而，生活總是你追我趕，周圍總有人會過得你比你好，每個月賺的錢比你多，買的衣服比你的貴。然而，這兩人總在不停地想超過別人，因此他們生活得很累很累，每當成功超過別人的時候，他們心中也並不快樂，僅僅是鬆了一口氣，因為在他們的眼裡，看到的是還有更多的目標沒有完成。

直到有一天，妻子病倒了。去醫院檢查發現妻子患上了乳癌，而且時日無多。這個打擊實在太大了，兩人在病床上抱頭痛哭，開始反思：自從結婚以後，在生活中總是爭強好勝，哪怕只是一件小事都要爭個你輸我贏，導致他們工作壓力太大，從來不能好好休息。

於是，兩人決定去旅遊，去國外一處風景優美的山谷，那裡南坡向陽，長滿高大向上的喬木，而北坡陰冷，只長了雪松。天上下起大雪，北坡的雪總比南坡的雪要大得多。不一會兒，北坡的雪松上就積了厚厚的一層雪，不過，當雪積到一定厚度的時候，雪松枝枒就會憑著彈性向下彎曲，直到讓雪從枝上滑下。而南坡的喬木因為一直向上，不會彎曲，樹枝全被雪壓斷了。

夫妻倆感慨道：「我們就像南坡的喬木一樣，只想著和同伴們爭著向上生長，不曉得彈性的重要，才讓大雪壓毀了。」

不久後，年輕的妻子去世了。丈夫的性格也變了，更加享受活在當下的感覺，而不再像以前那樣和周圍的人比較，雖然只剩下他一個人，可是他活得比以前快樂、輕鬆了許多。

為什麼非要爭強好勝得到一切呢？生活中總會有人過得比我們好，比我們富有。我們不可能去超過周圍每個人，那就用不著和周圍的人一樣，總要爭個你死我活。

活著就是老天最大的恩賜，健康就是財富，你對人生要求越少，你的人生就會越快樂。對於我們這些平凡人來說，要懷一顆平常之心，對生活不挑剔、不苛求、不怨恨。

人生活在現實中，總是有許多與人們比較的機會。當我們擁有時，別人也擁有，帶著比較的心態去生活的人，就永遠都沒有滿足的時候。你擁有百萬，我必須擁有千萬，比你富有；你吃一桌要一千元，我吃一桌必須花五十元，比你豪華；你穿一般的衣服，我必須穿名牌，比你時尚。這些比較、不滿足使我們活得疲憊不堪。

因此，想要活得暢快、舒適，我們沒有必要和周圍的人比較。你不一定真的有能力比得過他們，就算比得過他們，也需要花太多力氣，何不把時間拿來享受生活。

記住：生活是自己的，別和周圍的人比較！

順其自然別強求

我們生活中總會有一些人信奉著世上無難事，只怕有心人的準則。認為在這個世上，哪怕再難的事情，只要我們努力去做，用心去執行，一定皇天不負有心人，早晚能迎來成功。

俗話說事在人為，然而，有些事不適合你，有些事本來就不可能做到，如果這時你非要學周圍這些相信努力終有所成的人，那麼等待你的不是碰一鼻子灰，就是最後自己摔得頭破血流。我們何必要這樣？你絕對可以放手，給自己一點空間，也該學會輕鬆享受生活。

想要做到內心平和、生活愉悅，你要記得，有些事情是天生注定的，命裡有時終須有，命裡無時莫強求，生活不必要太慌亂，而要緩步徐行，順應自然、從容平靜地度日。有時，我們不去強求是為了不為難自己，不強求反而能好好生活，即便一切不如意的事情都發生了，地球還是照樣轉，日子還是一天接一天過下去。

有時順其自然的生活才是正確的生活態度。當一個女孩不愛你了，你非要想盡辦法娶人家，結果因為強扭的瓜不甜，落得個婚姻不幸的下場；當你能力平庸，卻非要在景氣低潮開公司做老闆，結果因為謀事在人、成事在天，不幸得了一個破產的結局。

順其自然是讓人生快樂的最好活法，不抱怨、不嘆息、不墮落，勝不驕、敗不餒，一路奮力前行，專心走屬於自己的路。只要自己努力過，問心無愧便知足了，不奢望太多，也不失望，這才是避免被過多欲望所累的最好心態。

十九世紀，年輕貌美的瑪麗．傑尼娜來到了法國浪漫之都巴黎。剛開始的時候，她僅僅是一個舞蹈演員，以在舞蹈團裡扮演吉普賽女郎的角色開創自己的事業生涯。

然而，對於隻身來到巴黎的傑尼娜來說，想要在明星聚集的巴黎創造出一片屬於自己的事業太難了，因為沒有人會注意到她。

過了幾年，在一場演出中，她認識了法國的報業大亨諾耶雷。兩個人一見鍾情，諾耶雷被傑尼娜的美貌所吸引，深深地愛上了她，而此刻的傑尼娜也需要諾耶雷來幫助她重振她的舞蹈生涯。

然而，在一次宴會中，傑尼娜遇到了法國當時的商業大亨博格特，博格特也愛上了傑尼娜，提出要贊助傑尼娜，將她打造成法國最耀眼的明星。

諾耶雷知道這件事情後非常生氣。他找上博格特，兩人約定要進行男人間的決鬥。不幸的是，在決鬥中，諾耶雷丟了性命。傑尼娜得到這個噩耗之後，也傷心地離開了法國，去了德國慕尼黑。

可是，博格特對傑尼娜已經愛得無法自拔了，他丟棄法國的生意，去慕尼黑找傑尼娜。在德國慕尼黑，他利用過去的商業夥伴雷亨伯格與國王拉近關係，並且在國王的幫助下找到了傑尼娜。可是，傑尼娜心裡根本不愛博格特，她愛的是諾耶雷。博格特並不死心，在他暗地的幫助下，國王邀請傑尼娜所在的舞蹈團去王宮表演，這次表演讓傑尼娜一舉成名，並成為皇家御用的舞蹈演員。

後來儘管傑尼娜知道這都是博格特偷偷幫助的結果，但是她還是無法接受他。然而，博格特認為自己這一輩子都離不開傑尼娜了，他聽不進任何人的勸告，甚至還為她在德國買下一座城堡。

就在這時，整個歐洲政局動盪，人們四處聚集起來想要改變政局，掀起革命的風潮。在亂世中，傑尼娜乘亂逃走了，從此杳無音訊。

博格特從不曾放棄傑尼娜，苦苦尋找了好幾年，他終於找到傑尼娜，可是這時的傑尼娜迫於生計，已經和一個聲樂家結婚了。

博格特知道後悲痛欲絕，從此沉溺於酒精，陷入深深沮喪中無法自拔，而他在法國所有的事業都荒廢了，最終死於窮困潦倒之中。

博格特原本可以擁有非常美好的人生，可是卻因為痴迷一個不愛他的女人，放棄了自己的生活，實在是令人痛惜。生活中，有些東西是不可強求的，尤其是感情。他如果能夠做到任何事情都能想得開、看得透，順其自然，那麼他一定不會在悲傷痛苦中潦倒死去。

順其自然的生活，讓你進入大自在的人生。因為生命畢竟是渺小的，生活中不可抗拒的東西太多，如果你硬是要推開眼前的巨石，那麼你一定會把自己累得疲憊不堪。我們周圍總會有這樣一些人，越是做不成的事情就越想做成，越是得不到的人越是在苦苦追求，他們這是在和自己過不去，自己給自己出難題。最後仍無法改變既定的結果，還把自己弄得傷痕累累。

所以，我們要學會順其自然，拒絕強求論。生活就像是在大海裡行船，如果你硬是要跟大海對抗，那麼你必定會被大浪掀翻；如果你順其風浪，隨波逐流，即便遇到再大的暴風雨，你也能穩穩當當地行駛在其中，逍遙自在。

現實生活中，我們應該學會順其自然，這樣才會獲得人生的快樂。只有順其自然，學會適應，才能戰勝困難。

淡化利欲之心，方能得到一切

中國有一句古話叫做學而優則仕。自古如果一個人學業成績優良，最好的人生方向就是去做官，求取仕途。從古代的科舉考試，到如今的公務員考試、公職人員選舉，名利、權勢都是從古至今人們所拚命追求、爭奪的東西。有的人為了得到權勢，想盡一切辦法、用盡一切手段，甚至不惜傷害他人性命。我們經常可以看到有些人為了謀到一官半職，煞費苦心地攀關係，請客送禮、機關用盡，而結果往往還是事與願違；還有些人因未能得到重用，就牢騷滿腹，借酒澆愁，甚至做些對自己不負責任的事情。另外，只要你開始爭名奪利，就免不了爾虞我詐、你爭我搶、埋伏陷阱……在這種環境裡，即便你不去陷害他人，周圍的人遲早也會對你暗放冷箭。

那麼，最好避免受害的辦法就是閃避，放棄對名利的追逐，不要讓名利成為自己不堪重負的枷鎖。三百六十行，行行出狀元。除了名利這條路，總會有一條光明人道等著你。

楊國忠本是一個市井無賴，不僅學識淺薄，而且才能平庸，但是此人卻有一顆龐大的名利之心。

在仕途上，他拉攏關係，靠著族妹楊玉環得寵於唐玄宗，得到了金吾官職，後來慢慢爬到了京兆尹，又兼兵部侍郎，直到最後位居右相，並身領四十餘使。可見他對追逐名利有多麼積極，然而可惜的是，唐玄宗並沒有察覺到這些，一直留著他在身邊。

楊國忠當上宰相後，為了滿足自己奢侈至極的生活，他利用自己的權勢，大肆貪汙，聚斂財物，黷武貪功，專橫跋扈。

他培養了一批自己的黨羽，招得貪圖功名、寡廉鮮恥、爭名奪利的人來投靠他的門下，以圖分得一官半職。楊國忠這樣做，不僅可以毫不費力地廉價收買人心，又挑選出一批庸碌、只會俯首聽命的屬下，他專門挑出這些人，是因為他知道這些人不可能威脅得到他的地位。

曾有人上書唐玄宗，說楊國忠乃是奸詐小人、貪慕名利之徒，對江山社稷不僅毫無用處，而且還會危害到朝廷清廉、江山社稷，請求唐玄宗除去楊國忠的宰相之職，以整肅朝綱。然而，唐玄宗迷戀楊貴妃，並沒有對這個貪慕名利之人加以懲罰，因為他根本不知道這個人的危害性，整天在後宮中過著飲酒作樂、歌舞昇平的日子。

這時，楊國忠更是比以前變本加厲，不僅千方百計除去反對自己的人，而且還竊朝亂政，獨攬大權，使得正義之士敢怒而不敢言，致使大唐後期政治腐敗，階級矛盾加劇，賦稅過重，民不聊生，最後導致了安史之亂的爆發。

潼關很快被叛軍攻陷，兵鋒直指長安，大唐已經到了岌岌可危的時刻。唐玄宗不得已之下，只好捨棄京都長安，向蜀中逃亡。在逃亡的途中，隨行護駕的禁軍將士連續奔波，無比飢渴勞睏，不願再走。這時，負責護衛的禁軍將軍陳玄禮對將士們說：「昔日繁華鼎盛的大唐今日被落個分崩離析，皇上蒙此大難，我們四處被追趕，其原因都歸結於一個人，那就是貪慕名利的宰相楊國忠，是他的胡作非為造成了我們今天的下場。對於這樣一心只有權勢和名利的人，如果此時再不除去，大唐可能永不翻身之日了。」眾軍士早就義憤填膺，齊聲回答道：我們早就想除了這個大奸臣了，即使我們全部被殺頭，也無怨無悔。」

這時，楊國忠正在拉攏二十多位吐蕃使者，就在這時一個禁軍護衛大喊：「不好了，楊國忠與吐蕃人要正在密謀造反，要謀害皇上。」

護衛以護駕之名，發箭射殺楊國忠，楊國忠翻身下馬，逃到馬嵬驛，最後被禁軍將士們團團圍住，亂刀砍死，並將他的屍體大卸八塊，把他的頭顱懸掛在了馬嵬驛的西門上。

名是枷，利是鎖，塵世的誘惑就像繩索一樣牽絆著眾人，阻礙了人的進步。唐玄宗因為不識奸臣，身邊留著楊國忠這樣一個利欲薰心的人，最終落得被親兒子囚禁於宮中，鬱鬱而終，被一個市井無賴之徒連累。而楊國忠自己也因為陷入名利的泥潭中不能自拔，生命都耗費在名利的爭奪上，到頭來只能是一場空，落得死無全屍的下場。

古人云：求名之心過盛必作偽，利欲之心過剩則偏執。面對名利之風漸盛的社會，面對物質壓迫精神的現狀，我們想要不被名利所困，首先自己就要淡泊名利，保持淡泊人生、樂趣知足的心態，在簡單、樸素中體驗心靈的豐盈、充實，人們就可以順暢地達到人生的理想境界。

寵辱不驚，看庭前花開花落；去留無意，望天上雲卷雲舒。名利只不過是過眼雲煙，放下名利之心，你會活得輕鬆自在。

難得糊塗，別聰明反被聰明誤

在生活中，我們幾乎都這麼覺得：頭腦聰明、遇事精明的人在與人打交道的過程中不會吃虧，也往往能獨善其身，所以我們都希望自己可以足夠聰明。然而，自然界還有另一個人生規律，那就是：物極必反、樂極生悲，矛盾的事物都可以互相轉化，如果一個人太聰明，就可能是不聰明，因為有些事情太聰明了反而容易看不透。比如在公司裡，要是只有你鳳毛麟角、鶴立雞群，那麼你必然會招到周圍的人所妒忌，他們會想盡一切辦法除去他們當中唯一太聰明的你。

所以說，太聰明了反而不好，結果可能聰明反被聰明誤，你的聰明可能招來眾人的嫉妒與怨恨，甚至為你帶來禍端。

糊塗不是一種愚蠢，而是一種大智若愚的智慧。適當裝糊塗，有利於你趨利避害，讓你清醒、冷靜，讓你以寬容之心平靜看待世間這紛紛亂亂的喧囂、爾虞我詐的爭鬥，善待世間的一切，居鬧市而能保持一顆寧靜之心，從而處世從容自如。

三國時期的楊脩可謂是一個絕頂聰明之人，他在一代梟雄曹操麾下擔任主簿一職，受到曹操的賞識，但是楊脩卻恃才傲物，處處耍小聰明，他沒有意識到和自己朝夕相處的主子曹操是一個心胸狹窄之人。

有一次，有人給曹操一盒酥餅，曹操品嘗了幾塊後，重新把酥餅盒蓋好，在蓋子上面寫了一個大大的「合」字，然後他把酥餅盒放在眾將上面前。將士們面面相覷，不知道丞相這是何用意，這時只見主簿楊脩走了過來。打開了酥餅盒，拿著筷子夾起酥餅大口品嘗起來。楊脩一邊吃，一邊說：「你們沒看到丞相在酥餅盒上寫得『合』字嗎，意思就是要我們大家一人品嘗一口啊！」眾將士聽了主簿楊脩的話，紛紛領悟，爭搶吃了起來。

還有一次，曹操要擴建自己的丞相府。工匠們按照曹操的旨意，造好後請曹操前去察看，看有什麼地方不妥需要修改之處。曹操來到新修的府邸察看了一圈，臨走的時候，在大門的門板中央寫了一個大大的「活」字，然後一聲不吭地離去了。負責修築府邸的工匠管事不明白到底是什麼意思，百思不得其解。最後他聽說主簿楊脩絕頂聰明，就前去請教。

楊脩聽工匠管事一說，哈哈大笑道：「這還不簡單。丞相在門板上寫了一個『活』字，這不就是『闊』嗎，丞相的意思是說把門造的太大了！」工匠管事聽了，立即動手改造。後來曹操問是誰說要把門改小的，工匠管事說這是主簿楊脩說的。

曹操聽了，心裡非常不高興，因為他討厭楊脩每次都猜出自己的心意。

西元二一九年，劉備揮軍占領了定軍山，大將黃忠殺死了曹操的大將夏侯淵。曹操為報仇，親自率兵攻打黃忠，但是進軍並不順利，吃了幾次敗仗，軍隊陷入了困境，進退兩難。一天晚上，巡夜護軍前來詢問夜間的口令，曹操正在喝雞湯，啃一根雞肋，於是順口說了一句「雞肋」。

晚上，楊脩聽到巡夜將士喊「雞肋」，於是他不等正式命令，便開始收拾行李。隨軍將士看到楊脩，問他原因。楊脩說：「丞相今晚傳下的口令是『雞肋』，雞肋食之無味，棄之可惜，正和我們現在的處境一樣，進不能勝，退恐人笑，丞相已經萌生了退兵之心，所以我早早準備，以免到時亂了手腳。」隨軍將士聽了後，各自回到帳中，整理自己的行李。

這件事傳到了曹操耳朵裡，曹操聽了大怒道：「誰說我要撤軍了，楊脩敢動搖我軍心！」借機下令綁了楊脩，喝令刀斧手推出轅門外斬首示眾，警戒三軍。

不久後，曹操果然下令退兵，回到了許都。

楊脩的死，是忽視了他身邊的主子曹操是一個心胸狹窄之人，曹操怎麼可能讓一個如此了解自己想法的人活在世上呢，楊脩的確很聰明，但是聰明過頭了，所以才招來了殺身之禍。

在我們的人生歷程中，不難看到類似的情形。每個人都想表現得很聰明，但是往往最先被害死的都是在眾人面前表現聰明的人，對野心勃勃的人而言，周圍存在著更聰明的人是極大的威脅。一旦眾人皆醉我獨醒，你就脫離人間，作為異類總是引人注目，要眾人皆醉我亦醉，這樣你才可以睡得踏實。如果你真的想表現得比其他人更聰明一些，那麼你就應該對自己了解透徹，沒有必要總是要向他人強調自己的聰明，更沒有必要利用所有的機會向眾人表現你的聰明。

難得糊塗，這是一種超然的境界。儘管你很聰明，也必須要保持糊塗，這是保護自己最好的一種方式。

殘缺也是一種美

俗話說人無完人，佛說，不圓滿的人生才是完美的人生。春秋時期，老子也說：「大成若缺，大音希聲，大智若愚，大巧若拙，大象無形。」做人一定要懂得，在這個世界上，每個人都有自己的缺憾。具有缺憾的人生，才是真正的人生。法國詩人博納富瓦(Yves Bonnefoy) 說得好：「生活中無完美，也不需要完美。」殘缺之美才是真正驚心動魄的美，欣然接受缺陷，才能發現隱祕之處的幸福。

完美只會是對美好的永遠嚮往和追求，世上不會出現真正完美的人和物。不要跟有些人一樣，把自己的缺陷看作是遺憾，結果越看自己越煩悶，久而久之，心生抱怨和自卑心理，發現自己什麼都不如別人。我們不要把周圍這些人的情緒帶到自己生活中，每個人生來都各有不足，因此，我們要正視自己的殘缺，有了殘缺才使得我們有進步的空間，讓我們努力做得更好更完美。

世界上沒有完美無缺的人，每個人都是被上帝咬過一口的蘋果。有的缺口比較大，是因為上帝也欣賞你的甜美。如果你還因為還因為身上的缺口而自卑或徬徨，豈不辜負了上帝的這份小小的欣賞。

他叫夏洛斯，在一次疾病中變成了一個盲人。他只能靠自己的聽力，去傾聽周圍的聲響，來辨別方位，躲避危險。他家裡的人怕他出去有危險，就要求他一直待在家裡，不許出門，更重要是他的父母不願這個身障的兒子被別人看見，丟他們的臉。

但是夏洛斯不想成為父母的累贅，更想做個正常人。有一次，他過馬路時，由於街上嘈雜，他撞在了一輛響著鈴的腳踏車上。

騎腳踏車的是一個女孩，十分生氣地朝他吼道：「你為什麼要撞我，看不見嗎？」夏洛斯撞得胳膊生疼，也氣憤道：「是，我是個瞎子，怎麼樣？」

「瞎子就可以隨便撞人嗎？你眼睛看不見，難道也聽不見嗎？我看你還是在家待著，不要出門算了。」女孩氣憤說完，扶起腳踏車憤怒地離開了。

夏洛斯聽了女孩的話，心裡十分傷心，回到了家裡。他想，為什麼大家都不喜歡他呢，父母不喜歡他，就連一個路人也不能體諒他。

就在這時，突然一個想法浮上心頭：「那個女孩說的對，看不見，我可以用聽的啊！沒有了眼睛，還有耳朵。」上帝賜予所有人一樣的禮物，他的卻很特別。因為，他的耳朵不僅是用來聽的，還要代替他的眼睛「看見」這個世界。

從此以後，夏洛斯開始鍛煉自己的聽力，吃過很多苦，受過無數次傷，練習了幾十年，終於練就了別人無法相比的聽力。後來，他考進警局，成為一名警察。

他能夠憑藉汽車發出的引擎聲，判斷偷車賊偷的是什麼車；當罪犯打電話時，他能根據不同號碼的按鍵聲音差異，分辨出罪犯撥打的電話號碼；他透過通話裡的細微聲響，可以推斷出罪犯是在機場大廳，還是藏身於喧鬧的餐館，或是在呼嘯的列車上。

雖然才當上員警不久，但他利用聽力的優勢，破了很多難解的案件，獲得了大大小小的榮譽，被譽為警局裡「失明的福爾摩斯」。

夏洛斯再也不忌諱自己是一個盲人，他說：「如果我能看得見，也許我只是一個普通的人，而現在我是盲人，卻能聽到別人無法聽到的聲音。」

上帝為你關上這扇門，一定會為你打開另一扇窗。我們不要把眼光盯在自己的不足之上，而該將努力放在發揚我們的優點和長處。有時，殘缺也是一種動力，它推動我們不斷進步，提高我們的抵抗力，去面對生活中的苦難。

美麗女神維納斯因為殘缺了臂膀，才更顯得神秘美麗。要知道殘缺也是一種美，重要的是我們如何對待它，就像故事中的夏洛斯，如果他聽從了父母和騎車女孩的話，從此只是待在家裡，老老實實做一個盲人，那麼他一輩子都被困在盲人的身分中，沒有其他的可能。

所以說，有時候我們遇到的殘缺本身並不能造成遺憾，造成遺憾的是我們接受了周遭的目光和態度。就算我們已經知道殘缺是不可改變的事實，也可以讓殘缺化作美麗的翅膀，從其他方面彌補人生的缺憾。當你把這些缺憾都彌補回來的時候，你發現正是因為當初的殘缺促進了你的成功，讓你變得更加美麗和有魅力。

所以，不管我們自己是否完美，我們都不要在意周圍人的目光，更不要讓他們改變我們的人生軌跡，因為生活是為我們自己所活的，堅持自我，保持心靈澄淨，生活也一定會賜予你那份別樣的美麗。

佛曰：心清則明

在生活中，我們每個人都被情感、家庭、工作等等俗務所纏繞，被迷惑和煩惱，常因身邊這些複雜的事情，找不到安心的所在。我們變得焦躁不安，變得誠惶誠恐，我們的心靈為此付出代價，常在晚上睡不著，輾轉反側。這就是我們常說的在生活中迷失了自我，找不到人生的方向。

在愛情上，我們若聽不見自己內心的聲音，盲目尋找愛情，結果不僅愛錯了人，而且還錯過了對的人；在事業上，我們不去關注內心的聲音，從眾選擇那些根本不適合自己的職業，讓自己每天都活在痛苦中……現在的生活有太多的吵雜，各種各樣的人事迷亂我們的視聽，讓我們在混亂中找不到真正的自己，總是閉著眼追尋，習慣受到周圍人的影響，從不靜下心來，聽一聽自己內心的聲音。

佛說心清則明，我們不能被身邊的聲音迷惑自己該走的路，應該去找尋真正屬於自己的東西，不被環境迷惑，做出錯誤的選擇。

說到底，我們都是被周圍的繁雜紛擾害得我們看不清自己。菩提本無樹，明鏡亦非臺。本來無一物，何處惹塵埃。想要不被周圍的人和事擾亂自己的內心，就要保持心的清淨。

有一位青年，因為父母和妻子不合，家裡一團糟；公司裡，被同事們排擠，受到上司的訓斥；身邊的朋友也紛紛遠離了他。他覺得生活一下失去了意義，不明白周圍身邊的人為什麼要這樣，人也變得非常憂鬱、消沉。

有一天，他去海邊散步，碰到一位老者正在海邊垂釣。老者看到年輕人一臉煩惱，主動邀請這位年輕人坐下來。青年看著老者的悠閒自在，開始訴說自己在生活、社會及愛情中所遭受的種種煩惱，希望老者能幫他解脫痛苦，斬斷人生的煩惱。

老者一邊垂釣，一邊聽著青年的話，當青年人說完，老年人似乎一點也不足為意，只是看著遠方的大海，看著大海的波浪此起彼伏，一個接一個從遠處打過來。但是他釣線的浮標始終沒有沉下去，一直漂著，隨著都在波浪的浮面上此起彼伏著。

然後，老者自言自語地說：「今天的浪好大呀！」

青年人看著老者似乎沒有聽懂他的意思，又重頭把生活遇到的人、種種痛苦，生活中的煩惱、愛情的坎坷、工作上勾心鬥角以及為自己前途的擔憂說了一遍。說到動情處，青年人痛哭流涕。

這時，老者好像在聽，又好像沒在聽，依然眺望著海中的帆船，自言自語地說：「你看海上的那個帆船跑得多快，今天的風真大呀！」

青年感到非常茫然，他的問題沒有得到任何解答，準備起身離開了。這時，老者提起了魚竿，一條大魚釣了上來。老者笑呵呵地說：「小朋友，你剛才說的這些亂七八糟的煩心事，就像這大海的浪一樣，一波接著一波，但是你要當一個浮標，不管浪再大，你都能保持自己始終漂浮在同個位置。為什麼呢？因為不管浪再大，水下面的魚鉤始終在水裡同個位置。你看海邊的帆船為什麼沒有被風刮倒，因為它的重心不在帆上，而是在船下面，所以不管風吹得再厲害，它也能保持得平穩。為什麼我剛才能釣起這條大魚呢？因為我並沒有受到你的影響，而是保持我內心的清淨，所以我釣起了這條大魚。」

「小朋友，一切煩惱的根源不在於別人，而是在於你的內心，你還是回家好好想想吧，不要讓俗事蒙蔽了你。」

說完，老者提著自己剛釣上來的大魚，離去了。而年輕人忽然一下全明白了，臉上綻放出了許久不見的笑容。

其實周圍的人、事並不能直接對我們造成損傷，它們只是外在刺激，要不要回應刺激而被傷害，是你自己能掌握的。如果你不能保持內心的清淨，看透這些刺激的本質，你就非常容易被傷害，就像故事中的年輕人一樣。

所以說，解決生活乃至生命的苦惱，關鍵並不是解決苦惱本身，而是在於要有一個開闊的心靈世界。的確，這些事情的發生讓我們焦頭爛額、備受折磨，但是我們只要止息心的紛擾，就不會因外在的困扼陷入苦惱，要解脫煩惱，關鍵在於自我意念的清淨，正如漂在浪上的浮標、駛在風中的帆船，屏除雜念，保持自我。

世上本無事，庸人自擾之。想要不被周圍這些「波浪」所打倒，那麼每天讓自己沉靜幾分鐘，不要隨著外在事物流轉而變動，不要放棄自我洗滌、淨化，把心放在可以安定的位置，任憑風浪起，你也能內心清淨、安寧。

傷害別人，等於傷害自己

塵世中的人，既不是生活在桃花源般的純淨的世界裡，那麼人與人之間難免磕磕碰碰、發生摩擦，但是這時你千萬不能有害人之心。大千世界，因果循環，善惡報應，如果你害了別人，也最終會被別人所害。

現代社會中，人際關係日趨緊密、廣泛，也日趨複雜、微妙，周圍的人可能一不小心得罪了你、冒犯了你，與你發生了矛盾和誤會，你千萬不要想著報復，也不必心情憂鬱、悶悶不樂、憤憤不平，而是做到：寬容、禮讓、與人為善。

為人處世，千萬不要想著去危害別人。你今天對人不利，別人明天也想對你不利。

樹林裡，一隻畫眉鳥在樹枝上蹦蹦跳跳，快活地玩耍，有時候飛到草叢中捕捉一些小昆蟲當點心。明媚的陽光穿過茂密的樹葉照在牠的身上，暖暖的，牠一邊吃著「點心」，一邊高興地邊嬉戲邊唱歌：「畫眉畫眉真快樂……」

正當畫眉鳥手舞足蹈的時候，一個小男孩悄悄地走到牠的身後，在牠的頭上罩上了一張捕鳥網。畫眉沒有發覺，仍在起勁地唱著：「畫眉畫眉真快樂……」只聽「啪」的一聲，張開的網落下來，把畫眉牢牢罩在中間。畫眉大吃一驚，趕緊張開翅膀想飛走，可惜已經來不及了，翅膀撞在網上，馬上被纏住了，怎麼也掙脫不了。畫眉成了小男孩的甕中之鱉。

小男孩興沖沖地把畫眉帶回家，準備把牠送到集市上賣了。畫眉既傷心又害怕，不停哀求小男孩：「捕鳥的先生，請你饒了我吧，您看我是隻多麼幼小的生命，您怎麼忍心把我賣了呢，萬一買我的是一個壞人，把我吃了怎麼辦？」

小男孩看這隻畫眉鳥非常好看，背部和腹部長著黑色相間的羽毛，頭頂是柔和的棕色羽毛，兩隻小腳發出金黃色的光澤。看著這麼可憐的畫眉鳥，小男孩有點心軟了，心想如果這隻漂亮畫眉賣出去，從此就可能永遠被囚禁在鳥籠裡了，他打算放走這隻漂亮的畫眉。正當小男孩猶豫不決的時候，畫眉又進一步討好小男孩說：「小朋友，您還是放了我吧，為了報答你，我可以回去引誘更多的同伴到這邊來，你只要在這裡布置好陷阱就可以了，以報答您對我的手下留情。」

畫眉心想：「我用一群同伴們來交換我這一隻畫眉鳥的生命，小男孩是一定會同意的。」可是牠沒有想到，這番話反倒激怒了小男孩：「告訴你吧，本來我正打算放了你，可是沒想到你是一隻壞畫眉，為了自己，竟然加害你的同伴，不惜陷害自己的同類。現在我改變主意了，因為你是一隻壞心腸的畫眉，我一定要把你帶離樹林，以免你今後禍害別人！」

畫眉被小男孩賣給了養鳥人，被囚禁在很小的鳥籠裡，最後鬱鬱而終。

傷害別人，等於傷害自己

害人終害己！如果畫眉不是想以眾多同伴的性命換取自己的性命，它就可以得到自由了。傷害是把雙面刃，我們去傷害別人，同樣別人也會傷害你。當別人的傷害是無意的或者是迫於無奈，我們應該富有修養，頗具風度地一笑了之。

我們的生活和工作中，多少會出現一些人，在說話還是做事時造成你大大小小的傷害，於是你難以喜歡上他們，他們成為你討厭的人。要如何與你討厭的人相處呢，有的人總是採取傷害別人的方式，可是，這不利於我們的人生。假如你遇到不喜歡的人，你不要總是把他當成你的仇人看待，不是你死就是我亡。如果你傷害了別人，別人記在心裡，當他抓到了機會，也會對你毫不客氣，不手下留情。

俗話之所以說害人之心不可有，就是因為害人終害己。所以，我們絕不能有害人之心，我們想的應該是如何才能幫別人多一點。俗話說，助人為樂！

感謝折磨你的人

在這個世界上，折磨和苦難對於任何人從來都是平等的。它不會因為你的成功而善待你，也不會因為你的失敗而故意刁難你。相反，往往那些成功的人要比失敗的人經歷和承受更多的挫折。在生活中，如果我們要去感謝；那麼我認為我們最應該去感謝的是「折磨」我的人。

折磨你的人並不都是壞人，他們並不是在害你，反倒是在磨練你；而一味說你好話、不停讚美的人未必就是好人，他們也許是在利用你，才會不斷吹捧。誠然，我們總希望人生之路能夠坦蕩無阻，希望得到他人細心體貼的關懷，希望一切煩惱和痛苦都遠離自己。但是有時，故意刁難你的人才是真正對你好的人。

羅曼．羅蘭（Romain Rolland）曾說：「只有真正折磨你的人，才是你化抱怨為上進的力量，才是成功的保證，他們不是害我們的人，而是在幫助我們。」

的確如此，在生活中我們不難發現，受過壓力、挫折和失敗等諸多被人折磨的人，往往能創造出輝煌的事業。

有兩個年輕的大學生畢業後，同時進入了同一家石化能源公司，隨後又同時被分到同一個海上油田工作。

上班的第一天，經理將他們分發到同一個師傅手下。師傅交給他們的第一個任務，就是要他們在規定的時間內，從一個幾十公尺高的鑽井架爬上去，將一個小型的工具箱送到井架頂端的經理手中。

於是，他們一人拿著一個小工具箱，迅速登上又高又窄的爬梯。當他們汗流浹背爬到井架頂端，經理只是在工具箱上標籤上打了一個勾，就叫他們送回去給他們的師傅。他們拿起工具箱，連忙又快速向下爬，並把工具箱交給師傅。

沒想到師傅也在工具箱的標籤上畫了一個勾，然後交給他們，要求他們再送回去給經理。

兩個年輕人面面相覷，有點丈二金剛摸不著頭腦，卻又不好意思問，只好又從梯子爬上去。

然而，經理第二次拿到工具箱，和第一次一樣，畫了一個勾，便又要他們送回去。年輕人就這樣來來回回，莫名其妙地上下爬了兩次，他們開始覺得這不是工作的內容，而是經理和師傅故意刁難他們。

直到第三次，兩個年輕人全身衣服都溼透了，其中一個快要發怒了，而另一個人只是摸了一把頭上的汗水。

當他們再次將工具箱送來給師傅時，師傅說：「把它打開。」

兩個年輕人將工具箱打開，裡面只放了一罐咖啡與一袋糖，居然一個工具也沒有，只是一個空的工具箱。這下子他們更確定剛才的猜測了，師傅和經理就是故意欺負他們兩個新來的。

這時，師傅接著對他們說：「你們一人去泡一杯咖啡，回來比較慢的把咖啡送到經理那裡！」

那個早已滿腔怒火的年輕人忍無可忍了，把工具箱重重地摔在了地上，說：「這也太過分了，我不要做了！」而另一個年輕人則沒說什麼，獨自一人泡了兩杯咖啡，給師傅一杯，然後爬上井架頂端，送給經理一杯。經理接過咖啡後也沒說什麼，只是向這個年輕人微微笑了笑。

從那以後，經理對這個年輕人格外重視，交給他一些重要的專案。年輕人憑藉自己出色的工作表現和經理的極力推薦，被總公司提拔為小主管，薪水豐厚。

年輕人升遷後，第一件事情就來感謝經理和師傅，師傅聽完後微笑道：「孩子，你還記得你入職那一天給你的任務嗎，其實我們是有意在磨練你們，這叫做抗壓性的訓練，因為我們每天都在海上作業，隨時都可能會遇到危險，因此，工作人員都必須要有極強的承受力，才能完成海上探勘的任務。給你的折磨只是為了培養你今後勝任這份工作的能力。」

年輕人笑了，原來師傅和經理用心良苦，並不是在害他們。

你感受到的痛苦並不一定是存心傷害，有些是在磨練你，讓你在「折磨」中，吸取教訓，認清自我。因為風平浪靜的海面鍛造不出精幹的水手；輕鬆的環境，造就不出真正的強者。當有一天你成功時自然能體會，曾「折磨」你的人給了你勇往直前的動力，感謝曾經折磨過自己的人或事，讓你領悟了生命的意義。

遭遇的苦難折磨是枚硬幣，一面是成功，另一面是失敗。對於一個有志者來說，周圍折磨你的人是在促使你不斷學習進取。若你能接受，將它化為進步的養分，它會給你帶來理想的工作和豐厚的回報。對於一個經不起一點苦，隨時都會放棄的人，等待他的必然會是失敗。

所以，你要正確對待身邊磨練你的人，主動接近他們，感謝他們給你的磨練。如果這時你遠離了磨練你的人，反而是害了自己。

面對嘲笑，一笑而過

人生有高潮也會有低谷，有成功也會有失敗。世界上沒有人是常勝將軍，也沒有一個人會永遠倒楣。當我們走在人生的高峰，取得成功的時候，我們周圍的人可能給我們的是鮮花、是掌聲；當你走在人生的低谷，不幸失敗時，周圍的人可能給你的是冷眼、是嘲笑。

很多時候，一個人的苦樂成敗，不取決於周圍的人怎麼看，只取決於自己的心態和看待事物的角度，如果你用悲傷的眼光看待失敗，那麼你的未來就會黯淡無光，別人的嘲笑雪上加霜，讓你永遠爬不起來，跌進泥淖中失去掙扎的勇氣，阻擋你在人生中前進的腳步。

那麼，我們又該如何應對別人的嘲笑呢？我們要先知道的是，失敗並不可怕。失敗了，別人嘲笑你也是人之常情，但既然失敗不可怕，嘲笑也沒有什麼可怕的。

成功學大師拿破侖・希爾（Napoleon Hill）說過：「不管如何失敗，都只不過是介於你成長茁壯中的一幕，不要讓別人的冷嘲熱諷阻礙你，你應該對這些嘲笑一笑而過。成功是由若干步驟組成的，挫折只是其中的某個步驟而已，如果你因為周圍的這些人停止了前進的腳步，那將是非常愚蠢的。」

面對嘲笑，一笑而過

一九八〇年代，百事公司迅速崛起，可口可樂公司遇到了銷售危機。可口可樂公司受到了百事可樂公司的競爭，銷售市場大面積縮小，為了扭轉不利的局面，瑟吉歐．柴曼（Sergio Zyman）臨危受命，接管可口可樂公司。

柴曼採取的行銷策略是更換可口可樂的口味，將老可口可樂的酸味變成甜味，然後冠名為「新可口可樂」，並在各大媒體做廣告，進行宣傳。然而，在新的行銷策略中，柴曼犯了一個嚴重錯誤，因為他沒有考慮到人們早已經習慣可口可樂的酸味，並不習慣甜的口味。

結果，新可口可樂並沒有為可口可樂公司成功擺脫困境，反而成為了最具災難性的新產品，而且還賠上了一大筆宣傳費用。最後在迫不得已的情況，「老可口可樂」重新登場，改為「經典可樂」。

然而，柴曼的失敗無疑是為公司雪上加霜，那些期待他成功的人對他十分失望，公司裡外都有很多人在嘲笑他，最後面對周圍的一片嘲諷聲，飽受攻擊的他黯然離職。當柴曼離開可口可樂公司以後，他甚至不敢出門，也不敢與可口可樂公司中的任何人交談。對於那段失敗的日子，他回憶道：「那時候我真的快崩潰了！」

經過一段時間後，柴曼終於想通了，為什麼要懼怕周圍這些人的嘲笑呢？難道自己要一輩子待在家裡不成嗎？我不能讓這些嘲笑我的人毀了我。於是，他在亞特蘭大租一個地下車庫，和人合夥開設顧問公司，他每天對著電腦、電話和傳真機，向大公司提供諮詢服務。

慢慢地，公司開始壯大，並且為微軟、福特公司這些大公司策劃了一個又一個行銷戰略，擁有了一大批客戶。

在行銷顧問業中，柴曼的公司很快名聲在外，成績斐然，甚至連可口可樂也來向他諮詢，希望他能重新回到可口可樂公司。可口可樂公司執行長羅伯托（Roberto Goizueta）也承認：「我們因為柴曼一時的失敗就放棄了他，然而頂尖運動員也有摔跤的時候。」

人生難免有挫折和失敗，失敗後有些周圍的人會看你笑話，甚至嘲笑你。要知道挫折與人生相伴，難以避免。這時，如果你不能保持心態，你就會被周圍人的口水淹死、被別人笑死，你會就此一蹶不振，心想我失敗了，從此陽光離我遠去，我再也不會成功了。

如果你能保持一份大肚能容的心態，一切嘲笑你都一笑化之，淡化別人的嘲笑聲，那麼你就不會沉浸於失敗的黑暗之中，甚至還可以創造出另一個機會來，此時成功也不會離你太遙遠了。

當你失敗時，你只要一笑而過，堅持走自己的路，就一定會走出低谷。下一站，你會成功！

退一步海闊天空

詩經上說：既明且哲，以保其身。古人認為明哲保身是保護自己不受周圍人迫害的最好辦法，是一種生活哲學，也是中庸之道。明哲保身並不是膽小怕事、遇事就躲的怯懦，而是避免硬碰硬交手，要人懂得如何在周圍激烈的競爭衝突中保全自身，能忍則忍，退一步海闊天空，給自己更寬廣的生存餘地，避免不明不白地無謂犧牲。

明哲保身是求取生存機會的智慧手段。一個有才華的人，在當今社會應該是大有作為的，可是周圍嫉賢妒能的人往往存在，他們不會容忍你在他們之中太出色，因為萬中選一的人才輕易就能勝過他們，而這時你又不能完全脫離人群，所以這時你只有採取明哲保身的態度，先退後一步，等待時機，避免遭受更多的不幸和磨難。

漢代公孫弘是一個有才能的人，家境貧窮的他後來當上了大漢的宰相，但是仍然保持這艱苦樸素的習慣，每餐只有一葷一素，睡的只是普通的木板床。儘管如此，大學士汲黯不認同公孫弘的作風，於是向漢武帝奏參，說公孫弘官居一品，俸祿豐厚，卻故意沽名釣譽，來騙取儉樸清廉的美名。

漢武帝召見公孫弘：「大學士汲黯說你有沽名釣譽之嫌，你怎麼說？」公孫弘聽了笑道：「大學士汲黯說得一點也沒錯。皇上知道微臣出身貧寒，如今官居一品而只蓋粗布棉被，和普通百姓一樣，確實說不過去，有沽名釣譽之嫌。今天他當著皇上的面指責我，說明微臣的確有做得不周到的地方，更說明汲黯的對陛下的忠心耿耿。」

漢武帝聽了公孫弘的這一番話，大大出乎自己的意料。原以為公孫弘面對汲黯的奏參會進行辯解，並且說汲黯完全是信口雌黃誣告他，可是沒想到他面對自己的詢問，卻一句也不辯解，悉數承認，這是何等的一種智慧呀！他看出了公孫弘擁有謙讓的胸襟，而不像宮廷之間鬥爭的大臣一樣互相指責陷害，這讓漢武帝心裡非常高興，於是這件事情就不再追問了。

而汲黯聽說公孫弘在陛下面前對自己的奏參供認不諱，自己的目的已經達到了，所以也沒有繼續上奏了，對公孫弘沽名釣譽的事情也就此作罷。

公孫弘回到家後，妻子問他：「你為什麼不在皇上面前說清實情呢？白白讓人誣陷！」

公孫弘微微一笑，解釋道：「我和大學士汲黯同朝為官，抬頭不見低頭見，他這次說我使詐以沽名釣譽，無論我如何辯解，其他大臣們都已先入為主地認為我也許是在『使詐』，更何況連皇上都信了。如果我這時再說汲黯的壞話，必然會引起汲黯的再次攻擊，到時候龍虎相鬥，即便我最後贏了，也是殺敵一千，自損八百，落個兩敗俱傷。況且這不是什麼政治野心，對皇帝構不成威脅，對同僚構不成傷害，只是個人對名節的偏好，無傷大雅。明哲保身比較好，退一步海闊天空。」

《莊子》中說直木先伐，甘井先竭。意思是說：一般所用的木材，多選擇挺直的樹木來砍伐；水井也是，湧出甘甜井水使人們爭相飲用的要比其他井水先乾涸。公孫弘才能出眾，雖然容易受到重用提拔，可是也容易遭人暗算。為了明哲保身，他選擇了後撤一步。如果他針鋒相對，口若懸河的解釋，就會顯得很狂妄，令皇上很難接受他的觀點和解釋，還不如全盤承認，顯示自己大度一點。

在交手中，如果你的對手比你更強，你沒有必勝的把握，千萬不要與他直接碰撞，而是尋求退一步再說，退一步等於為自己留下可以自保的空間，有了距離就可以避免對方直接傷害到你。

在生活中，我們免不了要和親朋好友、鄰居、同事等打交道，相處久了，難免會發生一些不愉快的小摩擦，一定會遇到許多需要作出微小犧牲的小事。這樣的事情其實在我們的日常生活中常常發生著，這時，我們不妨心胸開闊些。「退一步海闊天空，讓它一步又何妨？」如果你能這麼想，就不會為了一點雞毛蒜皮的事情而不快樂了。

電子書購買

國家圖書館出版品預行編目資料

極簡社交學：反正都會被討厭，不如只顧好自己！拒絕盲從、跟風，簡化你的人際關係 / 佳樂，李定汝著 . -- 第一版 . -- 臺北市 : 崧燁文化事業有限公司 , 2022.09
面； 公分
POD 版
ISBN 978-626-332-709-2(平裝)
1.CST: 人際關係 2.CST: 社交技巧
177.3 111013707

極簡社交學：反正都會被討厭，不如只顧好自己！拒絕盲從、跟風，簡化你的人際關係

臉書

作 者：佳樂，李定汝
發 行 人：黃振庭
出 版 者：崧燁文化事業有限公司
發 行 者：崧燁文化事業有限公司
E-mail：sonbookservice@gmail.com
粉 絲 頁：https://www.facebook.com/sonbookss/
網 址：https://sonbook.net/
地 址：台北市中正區重慶南路一段六十一號八樓 815 室
Rm. 815, 8F., No.61, Sec. 1, Chongqing S. Rd., Zhongzheng Dist., Taipei City 100, Taiwan
電 話：(02) 2370-3310 傳 真：(02) 2388-1990
印 刷：京峯彩色印刷有限公司（京峰數位）
律師顧問：廣華律師事務所 張珮琦律師

定 價：299 元
發行日期：2022 年 09 月第一版
◎本書以 POD 印製